Liebe Leserinnen, liebe Leser!

Clemens Emmler, *freier Fotograf, hat ein Faible für Reiseziele der südlichen Hemisphäre. Für den 5. Kontinent hat er eine regelrechte Leidenschaft entwickelt.*

Der Kultreiseführer Lonely Planet befragt seine Leser seit 2004 jedes Jahr im Internet, welches ihr Lieblingsreiseziel sei. Australien führt 2008 die Hitliste an – und belegt damit schon zum vierten Mal hintereinander Platz eins. Auch für die meisten Deutschen ist Australien das Traumreiseziel schlechthin, seit Jahren schon steigen die Besucherzahlen kontinuierlich an.

Tierische Begegnungen

Viele der jährlich rund 165 000 deutschen Besucher bereisen zunächst den Osten des Kontinents (hierüber informiert der HB Bildatlas Nr. 273 „Australien – Osten, Sydney"), bekommen dabei nicht selten Lust auf „mehr" und wagen sich dann auch hoch in den Norden, in den Kakadu National Park, mitten ins Outback zum Uluru bzw. in die abgeschiedenste Großstadt der Welt, nach Perth. Der Westteil des fünftgrößten Landes der Welt bietet viele imposante Natureindrücke, lockt mit pulsierenden Städten, Wüsteneinsamkeit, Traumstränden, Regenwald, Weinbauregionen – und immer wieder auch „tierischen Begegnungen". Vielerorts sieht man Kängurus, kann feststellen, dass Koalas genauso kuschelig sind wie sie aussehen oder davon schwirrenden Papageien hinterherschauen. Besonders faszinierend empfand ich die Delfinfütterung bei Monkey Mia. Es ist ein Erlebnis, wenn die großen Meeressäuger auf einen zuschwimmen und ganz vorsichtig nach dem hingehaltenen Fisch schnappen (s. S. 94 f.).

Die Reisejournalisten ***Bruni Gebauer und Stefan Huy*** *bereisen Australien seit 1988 jährlich über mehrere Monate. Und sind hin- und hergerissen zwischen smarter Lebensart an den Küsten und abenteuerlichen Aufenthalten im Outback.*

Faszination Down Under

Und das Beste ist, dass Besucher die Wildnis und Weite des Landes – Australien ist etwa 21 mal so groß wie Deutschland – nicht fürchten müssen. So lange man auf den asphaltierten Straßen bleibt, kommt man mit jedem Pkw gut voran. Die touristische Infrastruktur ist bestens. Für Fahrten auf Pisten und vor allem in den tropischen Norden benötigt man ein Fahrzeug mit Vierradantrieb, aber man kann sich natürlich auch jederzeit einer von kompetenten Veranstaltern organisierten Tour anschließen. Einzigartige Eindrücke hinterlässt eine Eisenbahnfahrt mit dem Ghan, der Adelaide im Süden mit dem nördlichen Top End verbindet. Egal, wie Sie Australien erkunden, freuen Sie sich auf eines der schönsten Reiseländer der Welt.

Herzlich Ihre

Birgit Borowski
Programmleiterin HB Verlag

Endlose Weite

Seite 90 – 103

Beinahe unberührt wirken die Kimberleys, durch die die Gibb River Road führt. Sie sollte nur in der Trockenperiode befahren werden. Dann auch sind Abstecher an die aufregende Küste angesagt.

Wilde Tiere

Seite 76 – 89

Auf Krokodilfarmen sind die Reptilien problemlos aus nächster Nähe anzuschauen.

Traumstrände

Seite 90 – 103

Tiefblaues Wasser, sich kilometerweit ziehende weiße Sandstrände – Australiens Küsten kontrastieren prächtig mit den staubigen, endlosen Wüsten im Landesinnern.

Innovativ

Seite 104 – 111

In der australischen Küche mischen sich überlieferte Rezepturen mit den kulinarischen Einflüssen aus aller Herren Länder.

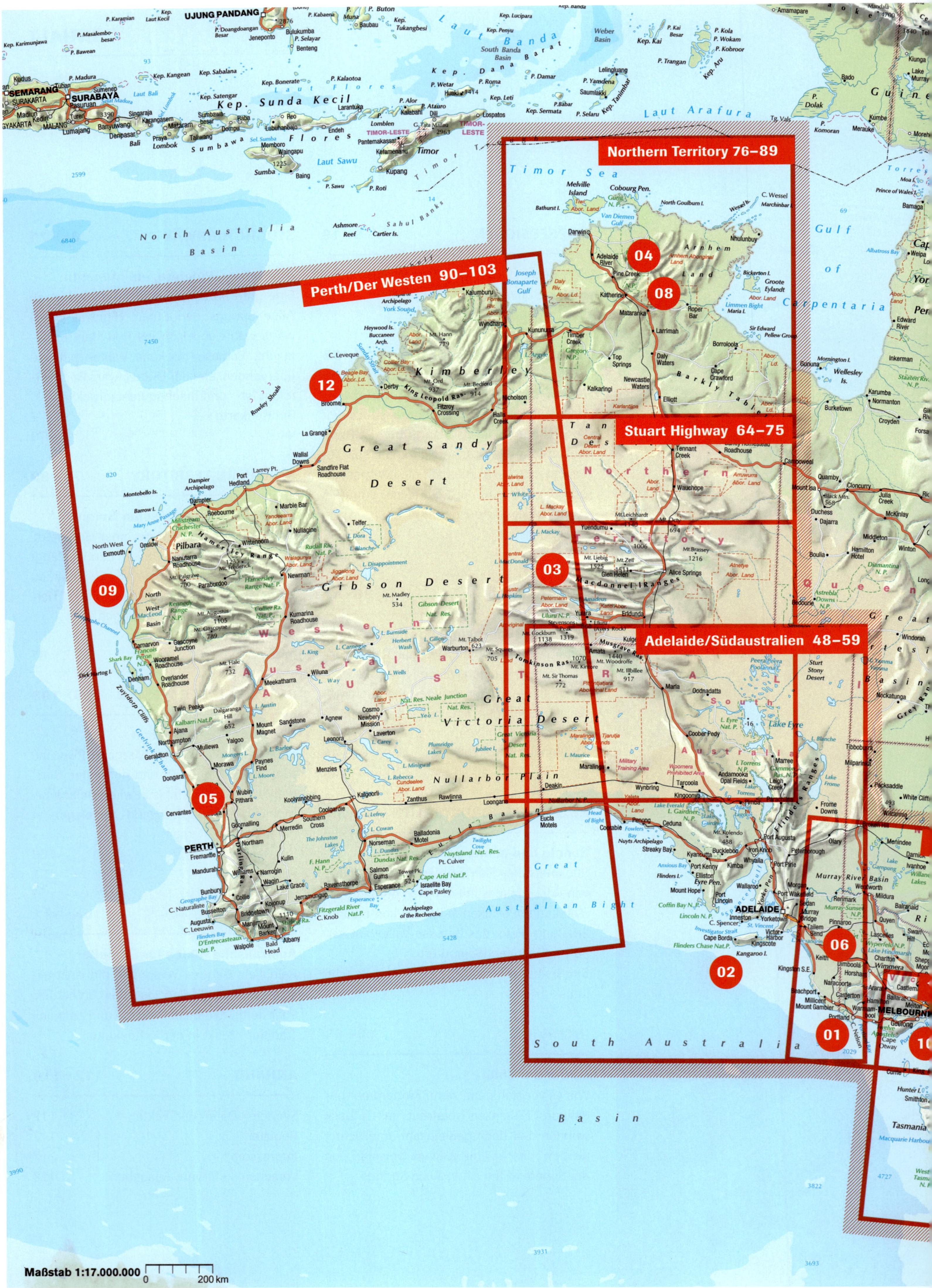

Northern Territory 76–89
Perth/Der Westen 90–103
Stuart Highway 64–75
Adelaide/Südaustralien 48–59
04
08
12
03
09
05
02
06
01
10
Timor Sea
North Australia Basin
Gulf of Carpentaria
Laut Arafura
Laut Banda
Kep. Sunda Kecil
Flores
Timor
Kimberley
Great Sandy Desert
Gibson Desert
Great Victoria Desert
Nullarbor Plain
Western Australia
Northern Territory
South Australia
Great Australian Bight
South Australia Basin
Arnhem Land
Macdonnell Ranges
Lake Eyre
Flinders Ranges
Pilbara
Hamersley Range
Darwin
Katherine
Alice Springs
Tennant Creek
Broome
Derby
Port Hedland
Carnarvon
Geraldton
PERTH
Fremantle
Kalgoorlie
Esperance
Albany
Eucla
Ceduna
Port Augusta
ADELAIDE
Mount Isa
MELBOURNE
Tasmania
SURABAYA
SEMARANG
UJUNG PANDANG
Maßstab 1:17.000.000
0
200 km

DIE BESTEN TIPPS DER REDAKTION

NATUR

01 Fragile Steilküste **33**
Wind und Wellen nagen unablässig an den Kalksteinfelsen der „Twelve Apostles" im Port Campbell National Park. Vom Land aus ein Bild wie eine gelungene Foto-Tapete, aus der Vogelperspektive ein atemberaubendes 3-D-Kino.

02 Namensgeber: Känguru **58**
Geschützte Natur pur auf Kangaroo Island. Eine Art Arche Noah, auf der Pflanzen und Tiere sich isoliert vom Festland entwickeln konnten. Allen voran das graue Tamar-Känguru, das in Australien nur hier vorkommt.

03 Farbspiele **75**
In dem Naturschutzgebiet betört nicht nur der Uluru (Ayers Rock) durch zauberhaftes Erröten, auch die benachbarte Kata Tjuta (The Olgas) legt bei Sonnenauf- und Sonnenuntergang richtig Farbe auf.

04 Unbedingt schützenswert **88**
Im größten Nationalpark Australiens, dem Kakadu National Park, sind tiefe wasserführende Schluchten Lebensraum zahlloser Tier- und Pflanzenarten. Ein Naturparadies, das nicht nur den Ureinwohnern am Herzen liegt.

05 Von feierlicher Stimmung **102**
Der Nambung National Park, in dem karge Kalksteinsäulen aus dem Dünensand ragen, ähnelt einem ausgebleichten Nadelkissen. Geradezu feierlich stimmen frühmorgens und bei Sonnenuntergang die Farben- und Schattenspiele.

AKTIV

06 Schroffes Bergland **33**
Ein Naturparadies mit einsamen Wanderrouten zwischen über 1000 m hohen Gipfeln ist der Grampians National Park. Spektakuläre Aussichtspunkte lassen die Wildnis überblicken.

07 Kondition ist gefragt **46**
Im Naturschutzgebiet Cradle Mountain – Lake St. Clair National Park gipfelt Tasmaniens Bergwelt im Mt. Ossa. Wanderpfade führen hoch hinauf und ermöglichen herrliche Blicke über die Landschaft.

08 Tolles Terrain für Kanu-Trips **89**
Sehr steil ragen die Sandsteinwände der Schlucht aus dem Wasser des Katherine River. Per Kanu kann man tief in die ansonsten unzugängliche Wildnis vordringen.

09 Herrliche Unterwasserwelt **102**
Der Rummel am Ningaloo Reef hält sich meist in Grenzen. Paradiesische Zustände also für Taucher, Schnorchler und andere Wassersportler, selbst für Nichtschwimmer, denen Glass Bottom Boats Unterwassererlebnisse bescheren.

KULTUR

10 Museum mit Pfiff **34**
Äußerlich wie innerlich macht das Melbourne Museum Eindruck. Vor allem die Bunjilaka Gallery, die von den Aborigines der Region mitgestaltet wurde. Im IMAX Theatre werden 3-D-Filme auf Riesenleinwänden gezeigt.

ERLEBEN

11 Rundum geschäftiges Treiben **45**
Die Szenerie aus historischen Lagerhäusern in Hobart scheint wie geschaffen für eine Rast während des Stadtrundgangs: einfach in einem der hübschen Straßencafés am Salamanca Place Platz nehmen und dem Treiben zuschauen.

12 Strand mit XL-Breite **103**
Was für eine Verschwendung an Strand: 22 km lang und bei Ebbe so breit, als hätten die Wellen sich bis zum Horizont zurückgezogen. Der Cable Beach ist ein tolles Terrain, auch für ausgedehnte Strandwanderungen.

MYTHISCHE BERGE

Nach langer Fahrt durch staubtrockene Landschaft endlich am Ziel: Der Uluru oder Ayers Rock, der heilige Berg der Aborigines, erhebt sich im Uluru & Kata Tjuta National Park. Rote Farbtöne überfluten ihn bei Sonnenauf- und -untergang.

KUNST DER ABORIGINES

Die Felszeichnungen wie hier im Arnhem Land sind mit spirituellen Bedeutungen aufgeladen. Bei Führungen wird die Verbindung mit der Traumzeit vermittelt, doch lassen sich heutzutage diese Traumzeitmythen noch begreifen?

WESTIN

METROPOLE VOLLER LEBENSLUST

Das Miteinander von Business, Aussie-Lebensfreude und großem kulturellem Angebot prägt die geschäftige Metropole Melbourne. Von der verglasten Plattform des Eureka Tower kann man Stadt und Umgebung wunderbar überblicken. Besser aber noch erlebt man die multikulturelle Atmosphäre bei einem Stadtrundgang.

ENDLOSE WEITEN

Lange Highways durchziehen den Westen und das Zentrum des fünften Kontinents. Abseits davon gelangt man durch atemberaubende Landschaften auch zu herrlichen Stränden, National Parks, kleineren Orten – allerdings ist manchmal ein 4WD, ein 4-Wheeldrive, vonnöten, will man Pisten und kleinere Straßen unter die Räder nehmen.

PUTZIGE ZEITGENOSSEN

Koalas gehören wie Kängurus und Krokodile zu den Tieren, die fest mit dem Kontinent Australien verbunden sind. Spezielle Farmen haben sich dem Schutz kranker Tiere und der Zucht verschrieben.

BIZARRE LANDSCHAFT

Kahl ragen die Kalksteinsäulen aus dem Dünensand, die vor Zehntausenden von Jahren von Wasser und Wind geschaffen wurden. Kaum vorstellbar angesichts der Wüste, die sich nun um die Pinnacles im Westen ausbreitet.

CLOCKS
melbourne

Aufregende Küste und hohe Gipfel

Als zweitkleinster Bundesstaat Australiens zeigt Victoria mit der eleganten Metropole Melbourne überraschende Größe. Die Stadt wiederum hat – gemessen an australischen Dimensionen – eine erstaunliche Nähe zur pittoresk geformten Küste entlang der berühmten Great Ocean Road, zur Raddampfer-Romantik auf dem Murray River und auch zum Ski-Spaß an den im Winter schneebedeckten Hängen der Snowy Mountains.

Das multikulturelle Melbourne ist eine lebendige Metropole mit vielen Facetten.

01

02

03

Melbourne mit seinem Charme hat allen Grund, Besucher selbstbewusst zu empfangen.

Melbourne ist die zweitgrößte Stadt des Kontinents – nach Sydney. Was anhaltend für ein gespanntes Verhältnis gegenüber der ewigen Erzrivalin sorgt. Dass weder Melbourne noch Sydney – trotz eifriger Bestrebungen beiderseits – als australische Hauptstadt reüssierten und schließlich eine geschichtslose Retortensiedlung namens Canberra zum Regierungssitz gekürt wurde, hat den gegenseitigen Eifersüchteleien kein Ende bereitet.

Melbourne muss man mögen

Dabei haben die Melbourner allen Grund, ihre Besucher selbstbewusst zu empfangen. Denn die Stadt hat einen ganz einzigartigen Charme: Unbändige Aussie-Lebensfreude paart sich hier mit traditionell englisch-konservativem Lebensstil. Eine interessante Mischung, die sowohl für anspruchsvolle Kultur- und Bildungsangebote als auch für kulinarische Genüsse und nächtliches Amüsement sorgt. Über 3000 Restaurants mit Speisekarten aus aller Herren Länder haben Melbourne zu Australiens Gourmet-Treff Nr. 1 gemacht. Wer Pizza, Pasta und andere italienische Spezialitäten bevorzugt, isst im Stadtteil Carlton, rund um die Lygon Street, richtig. Asiatische Küchen konzentrieren sich in Chinatown auf der zentralen Little Bourke Street – vietnamesische Restaurants ausgenommen, die haben sich auf einem Abschnitt der Victoria Street separiert.

Und auch rasante Sportereignisse gehören untrennbar zum Bild der Stadt. So hat jahrelang das Ferrari-Team um Michael Schumacher deutsch-italienische Formel-1-Erfolgsgeschichte beim Großen Preis von Australien auf dem 5,3 km langen Albert Park Circuit am Rand der Innenstadt geschrieben. Doch was ist das schon angesichts des Melbourne Cup im November: Wenn auf dem Flemington Racecourse der Startschuss zu dem populärsten Pferderennen Australiens fällt, hält die gesamte Nation den Atem an und lässt mancherorts die Arbeit liegen.

Schwarzes Gold aus Italien

Beinahe wie eh und je wird im 1883 errichteten Grandhotel „The Windsor" Tag für Tag der Afternoon Tea nach altenglischem Vorbild mit süßem Gebäck und blassen Sandwichs zelebriert. So, als würden inzwischen nicht überall in der Stadt, vor allem auf der schmalen Degraves Street oder der Hardware Lane, blank polierte Espresso-Maschinen leckere schwarze Kaffee-Tropfen ausschwitzen. Kaffee-Kultur verdankt Melbourne zweifellos seinen italienischen Einwanderern, die diesbezüglich in den 1950-Jahren unbeirrt Pionierarbeit geleistet haben. Zum Beispiel in

01 *Das Royal Exhibition Building steht nahe dem Melbourne Museum an den Carlton Gardens*
02 *Mittagspause am Federation Square*
03 *Futuristische Architektur am Federation Square*
04 *Shoppingcenter mit Glaskuppel*
05 *Grandios ist der Blick über die Metropole hoch oben vom Eureka Tower*

01

02

dem unterhaltsamen Kinofilm „Eine italienische Hochzeit", dessen Drehbuch die erste Espressomaschine im Café Latino bei Melbourne von Pater Alfredo segnen lässt.

Goldene Vergangenheit, glänzende Gegenwart

Imposante Architektur des 19. Jahrhunderts zeugt in der Innenstadt vom frühen Wohlstand der damaligen Colony of Victoria. Bereits 1849 war ein Schafhirte mit schweren Goldklumpen im Beutel in Melbourne aufgetaucht. Im Hinterland, etwa 100 km nordwestlich, habe er die Nuggets gefunden. Ein Schwarm Glücksritter wollte der Sache prompt auf den Grund gehen, wurde aber von den dortigen Viehzüchtern vertrieben, die sich ihre Weiden nicht zerstören lassen wollten. Zwei Jahre sollte es noch dauern, bis das Goldfieber vollends in Victoria ausbrach.

Im Verlauf des Jahres 1852 gingen im Hafen von Melbourne wöchentlich an die 1800 Menschen an Land. Die Bevölkerung Victorias wuchs sprunghaft, Melbourne stieg als Umschlagplatz der Goldfunde zur Finanzmetropole des Kontinents auf. Nur allzu gerne wurde der plötzliche Reichtum im Stadtbild zur Schau gestellt: Breite Boulevards, flankiert von viktorianischen Prachtbauten, monumentalen Steinfassaden und prunkvollen Kirchen markieren bis heute den rechtwinklig angelegten Grundriss im Zentrum, um den gepflegte Parks und die ausgedehnten Royal Botanic Gardens grünen und blühen.

Keine schlechte Idee ist es, die Stadtbesichtigung mit einer Bootsfahrt auf dem Yarra River zu beginnen. Zumindest sollte man in die ruhigen Wasser der inzwischen extravagant hergerichteten Docklands vorstoßen, wo heruntergekommene Hafenanlagen zu schicken Appartement-Komplexen mit angesagter Restaurant- und Ausgehszene gestylt werden. Vor allem an der Southbank beeindruckt die Architektur als stolze Parade gläserner Hochhäuser, mondäner Einkaufs- und Vergnügungszentren

01 *Alt und neu verträgt sich prächtig in Melbourne*
02 *Relaxte Stimmung in einer schönen Stadt*
03 *Reiches Angebot in den Queen Victoria Markets*
04 *Bekannter Bahnhof: Flinders Street Station*

01

02

03

04

– als Kulisse zum Flanieren wie geschaffen. Der äußere Schein trügt nicht: Melbourne steht auch heute wieder wirtschaftlich gut da.

Nostalgie im Hinterland

Einstige Boomtowns wie Bendigo, Castlemaine oder Creswick halten die Erinnerung an die kurzen goldreichen Zeiten beinahe genüsslich wach: Besucher können durch liebevoll restaurierte Straßenzüge lustwandeln, niedliche Museen und alte Minen besichtigen und Gerätschaften ausleihen, um selber auf Goldsuche zu gehen – tatsächlich kann man hier und da noch fündig werden. Auch Ballarat, wo 1858 der mit 62 Kilo zweitgrößte Nugget Australiens gefunden wurde, demonstriert nostalgischen Glanz, vor allem im Freilichtmuseum Sovereign Hill. Aber die freundliche Kleinstadt hält dabei anschaulich ein ganz dunkles Kapitel der Vergangenheit aufgeschlagen. Denn im Jahre 1854 wurde hier ein Massenaufstand der Goldschürfer von Regierungstruppen blutig niedergeschlagen. Die Digger hatten gegen überhöhte Gebühren für Schürfrechte protestiert und sich schließlich unter ihrer Flagge („Kreuz des Südens" auf blauem Grund) im benachbarten Eureka verbarrikadiert. Bei der Trauer um die 29 Toten ahnte damals niemand, dass dieser Aufstand zum Auftakt einer ganzen Reihe politischer und sozialer Reformen werden sollte.

Einfach großartig: Great Ocean Road

Über 300 Kilometer misst die berühmte Panorama-Route entlang der Südküste, die tollsten Ausblicke und Erlebnisse werden zwischen Anglesea und Peterborough geboten. „Serious Surfers" rühmen die Strände hier. Gemeint sind hartgesottene Wellenreiter, deren Fußsohlen die Boards mit Saugnäpfen zu halten scheinen und die selbst bei schlechtem Wetter und stürmischer Brise ins Wasser gehen. Dann ist die Elite unter sich. Es tobt der Wind, auf-

01 *Da waren es nur noch acht: „Twelve Apostles"*
02 *Light Station am Cape Otway*
03 *Ein Muss für Surffans: Strand bei Torquay*
04 *Beste Bedingungen auch für internationale Surfwettbewerbe bietet Bell's Beach*

01

02

Brandgefährliche Sommer

In der heißen Jahreszeit, insbesondere nach langen Trockenperioden, werden die Waldgebiete Australiens immer wieder von verheerenden Feuersbrünsten heimgesucht. In dichter besiedelten Regionen droht stets Gefahr, dass sich die Flammen schnell bis zu den Wohngebieten durchfressen.

Im Dezember 2006 wütete im Südosten einer der schlimmsten Buschbrände auf dem Kontinent. Monatelang hatte es so gut wie überhaupt nicht geregnet, die Vegetation war trocken wie Stroh. Ein Blitzeinschlag reichte aus, Feuerwalzen loszuschicken, die allein in Victoria 500 000 Hektar Land binnen weniger Wochen niederbrannten.

Noch lange wird der Nation auch die „Schwarze Weihnacht" im Gedächtnis bleiben, als ausgerechnet am 26. Dezember 2001 im Raum Sydney Feuer ausbrach und über 170 Wohnhäuser zerstörte. Und auch schon lange zuvor wurde über Brandkatastrophen berichtet: In den Annalen ist der erste Großbrand auf australischem Boden als „Black Thursday" registriert: Am 6. Februar 1851 fielen die Feuer im Südosten über annähernd 5 Mio. Hektar Land her.

Verheerender wären die Folgen, hätte die australische Botanik auch hier nicht einige verblüffende Tricks auf Lager, allen voran die verbreiteten Eukalyptusbäume – über 700 Arten sind benannt. Wenn die Stämme verkohlen, werden alsbald unter der abschirmenden Rinde tief im Innern des Baums neue Triebe nachgeschoben, die flugs frisches Grün in die verräucherte Vegetation zaubern.

Immer wieder im Sommer: Buschfeuer bedrohen die australischen Wälder

schäumende Wogen krachen unaufhaltsam gegen acht schroffe Kalksteinmassive: „Twelve Apostles" heißen sie, nach wie vor. Und täuschen somit darüber hinweg, dass hier an der Küste brachiale Brandung unablässig an der kontinentalen Landmasse nagt. Einige der Kalksteinfelsen hat sie bereits zu Fall gebracht, den bisher letzten am 3. Juli 2005. Alle paar Kilometer gewähren Abzweige von der streckenweise sehr kurvigen Great Ocean Road atemberaubende Ausblicke auf die zerklüftete Küstenlandschaft, die im westlichen Teil als Shipwreck Coast zweifelhaften Ruhm genießt. In der zweiten Hälfte des 19. Jahrhunderts, als an exponierten Stellen noch keine Leuchtfeuer vor den gefährlichen Klippen warnten, liefen mehr als 80 Schiffe auf Grund.

Herausragend: The Grampians

Fernab der Küste überragen mit einem Mal schroff gezackte Bergrücken die sich weit ausstreckende Ebene: eine einzigartige Natur-Oase. Am besten Sie kommen im Frühling, zwischen September und November, wenn zwischen felsigen Hängen erblühte Wildblumen sich zu einem farbenprächtigen Patchwork fügen. Die ansässigen Aborigines vom Stamm der Koori erleben das seit Jahrtausenden. Gariwerd nennen sie das unwegsame Bergland, wo zahlreiche Felsmalereien seit jeher die uralte Präsenz der australischen Ureinwohner dokumentieren und heute das Brambuk Aboriginal Cultural Centre in Halls Gap Besuchern faszinierende Einblicke in Historie und Mythologie gewährt.

Murray River: ein Fluss für alle Fälle

Der mit 2570 km längste Strom Australiens fließt als unentbehrliche Lebensader durch den Südosten. Was in den australischen Alpen südlich von Australiens höchstem Berg – dem Mount Kosciuszko – als erfrischend gurgelnder Gebirgsbach entspringt, mäandert im Mittellauf als Grenzfluss zwischen Victoria und New

01 *Die Panoramastraße Great Ocean Road macht ihrem Namen alle Ehre*
02 *Fantastische Aussicht von den Balconies in den Grampians*

01

02

South Wales geräuschlos und trübe durch aufgeheizte Steppe. Er wird zwecks künstlicher Bewässerung mehrfach aufgestaut, um schließlich in breiten Mäandern zur Mündung in den Southern Ocean entlassen zu werden. Erst gegen Ende des 19. Jahrhunderts wurde das nicht versiegen wollende Wasserreservoir des Murray River professionell angezapft. William und George Chaffey, zwei Brüder aus Kanada, waren es, die um die heutige Kleinstadt Mildura mittels Kanälen und Pumpen das erste groß angelegte Bewässerungssystem Australiens schufen. Seitdem grünt und blüht es an den Ufern – dem Wüstenklima zum Trotz –, in den Vorgärten wuchern Rosenbüsche, auf den Plantagen gedeihen selbst Zitrusfrüchte und auf Weinfeldern tragen die Reben schwer an saftigen Trauben. Dazwischen lässt der Murray River seinen Freizeit-Charme mit nostalgischen Rundfahrten auf historischen oder nachgebauten Schaufelraddampfern (Paddle Steamer) spielen – daher auch der Beiname „Mississipi Australiens" (siehe auch S. 57). Naturfreunde bevorzugen die Feuchtgebiete entlang des Flusses, wo sie Schwärme von Reihern, Fischadlern und Ibissen aus nächster Nähe beobachten können. Leider ist nach jahrelangen Dürreperioden der Fortbestand dieser Vogelparadiese ebenso wie der dort heimischen Fluss-Eukalypten (River Red Gum) durch die Umleitungen der Bewässerungsanlagen ernsthaft bedroht.

Die Hauptstadt ist keine Nebensache

Hätte Volkes Stimme entschieden, wäre Canberra heute sicherlich nicht Regierungssitz der Nation. Die küstenferne Stadt im einsamen und winterkalten Hochland der Great Dividing Range würde gar nicht existieren, vermutlich noch nicht einmal als unbedeutendes Provinznest langweilen. Doch die Regierenden im Jahre 1908 hatten den eitlen Wettstreit zwischen Melbourne und Sydney über und entschieden sich für eine salomonische Lösung: Knapp 2400 km², weit genug entfernt von beiden schmollenden Metropolen, wurden zum Australian Capital Territory (ACT) erklärt, mit Canberra als nagelneuer Hauptstadt mittendrin. Richtig Mühe gegeben hat sich der eigens aus Amerika herbeigerufene Architekt Walter Burley Griffin. Eine symmetrisch angelegte Gartenstadt hatte er im Kopf, als er am Reißbrett durch Achsen verbundene konzentrische Kreise rund um einen künstlichen See entwarf. Doch es sollte noch 1927 werden, bis Regierung und Parlament in zunächst provisorische Bauten einziehen konnten. Inzwischen macht Canberra richtig Staat: mit dem von einem Grasdach bedeckten New Parliament House, der wertvolle zeitgenössische Kunst ausstellenden National Gallery, dem originell gestalteten National Museum, dem monumentalen War Memorial oder den gepflegten Grünanlagen rund um den zum Lake Burley Griffin gestauten Molongolo River – um nur die Hauptattraktionen zu nennen. Für Zeitvertreib ist aber auch gesorgt: In der Nachbarschaft, gerade mal zwei Autostunden weiter südwestlich, liegen die Skihänge der Snowy Mountains. Dort, wo im Sommer Bergwanderer auch nur eines im Sinn haben: hinauf auf den höchsten Berg Australiens, zum Gipfel des 2228 m hohen Mount Kosciuszko.

Der längste Strom Australiens ist unentbehrliche Lebensader

01 *Im Flagstaff Hill Museum in Warrnambool gibt es viel über Häfen und Seefahrt zu erfahren*
02 *Typisches Hausboot auf dem Murray River*
03 *Die Vergangenheit lebt auf im Freilichtmuseum in Warrnambool*
04 *Schnörkellos: Parlamentsgebäude in Canberra*

New South Wales
Victoria
Australian Alps
Murray River
Riverina
Basin
Big Desert
Little Desert
Wimmera
Bass Strait
SYDNEY
NEWCASTLE
WOLLONGONG
CANBERRA
Queanbeyan
MELBOURNE
GEELONG
Ballarat
Bendigo
Wagga Wagga
Mildura
Albury
Jervis Bay Territory (A.C.T.)
A.C.T. = Australian Capital Territory
The Twelve Apostles
+9h30 Gr.Time
+10h Gr.Time
01
02
03
04

Städte, Strand, Sand und Schnee

Melbourne macht als multikulturelle Metropole Eindruck, Canberra als detailliert geplanter Regierungssitz und die Snowy Mountains als im Winter schneebedecktes Dach des Kontinents. An der Küste begeistert die Great Ocean Road mit Ausblicken auf die Twelve Apostles. „Slow down!" Wer sich Zeit nimmt für das Landesinnere, kommt spätestens jenseits der wilden Grampians zur Ruhe. Dort, wo der Murray River still durch trockenes Terrain fließt.

01 GREAT OCEAN ROAD

Auf über 300 Kilometern windet sich die Panoramastraße die Südküste entlang, vorbei auch an weißen Sandstränden. Surfer finden an der Küste ideale Wellen für ihre Bretter, Feinschmecker frischeste Meeresfrüchte, Wanderer gut geebnete Pfade durch lauschigen Regenwald und Hobby-Fotografen tolle Motive. Zum Durchhasten viel zu schade. Mindestens zwei Tage sollte man für die fantastische Route Zeit haben.

SEHENSWERT Wie monumentale Wachtürme stehen die bis zu 65 m hohen Kalksteinfelsen der **Twelve Apostles** **TOPZIEL** vor der stürmischen Steilküste bei Port Campbell. Zählen Sie nach! Vielleicht hat wieder mal ein „Apostel" in der harschen Brandung schlappgemacht. Schöne Ausblicke hat man oberhalb der Loch Ard Gorge. Noch bessere vom Helikopter aus, wenn das Wetter mitspielt. Meistens starten diese ganz in der Nähe des Straßenrands (z. B. 12 Apostles Helicopters, www.12ah.com), ca. 6 km westlich von Princetown. Der **Otway National Park** lohnt einen Abzweig zum Wandern durch Regenwald mit bis zu 100 m hohen Königseukalypten, z. B. auf dem 25 Meter hohen und 600 Meter langen Otway Fly Tree Top Walk (ca. 45 Fahrminuten von Apollo Bay entfernt, www.otwayfly.com.au). Oder zum Besuch der alten **Cape Otway Lightstation** (tgl. 9.00–17.00 Uhr) am Ende der Stichstraße.

MUSEUM Fanatische Wellenreiter kommen am **Surfworld Australia Surfing Museum** nicht vorbei, einer Art Tempel für alle, die der Küstenstraße zu formidablen Surfstränden folgen (Torquay, am Ortseingang, tgl. 9.00–17.00 Uhr).

AKTIVITÄTEN „Melba Gully" ist wie geschaffen, sich zwischendurch mal die Füße zu vertreten. Durch das naturbelassene Tal führt ein 1,5 km langer **Rundwanderweg,** vorbei an einem 300 Jahre alten Eukalyptusbaum („Big Tree"). Die Zufahrt zweigt 2,5 km westlich von Lavers Hill ab. Der **Great Ocean Walk** ist einer der schönsten Trails Australiens (ca. 91 km lang, Dauer: ca. 7 Tage, www.greatoceanwalk.com.au). Drei-Tages-Touren auf den schönsten Abschnitten ab Cape Otway bietet „Both Feet" (ab 1400 A$ p. P. alles inkl., www.bothfeet.com.au).

Hinter jeder Kurve ein neuer, toller Ausblick

UNTERKUNFT €€€/€€ **Mantra Erskine Beach Resort,** Mountjoy Parade, Lorne, Tel. 03/52 89 12 09, www.mantraerskinebeachresort. com.au. Attraktive Anlage direkt am Strand der Loutit Bay. Die geschützte Bucht eignet sich besonders gut zum Baden – eine Ausnahme entlang der Great Ocean Road, denn Brandung und Strömung können dort für Schwimmer sehr tückisch sein. Ca. 270 Zimmer und Apartments.
€€€/€€ **Cape Otway Lightstation,** Tel. 03/ 52 37 92 40, www.lightstation.com. Gästezimmer, z. T. im renovierten Haus, unbedingt weit im Voraus reservieren!

UMGEBUNG Der **Grampians National Park** **TOPZIEL**, etwa 140 km landeinwärts, schützt sowohl die einzigartige Natur in der wild zerklüfteten Bergregion als auch das kulturelle Erbe der Ureinwohner dieses Gebietes. Vom kleinen touristischen Zentrum **Halls Gap** gelangt man zu einsamen Wanderrouten und spektakulären Aussichtspunkten wie **The Balconies.** Am südlichen Ortsrand vermittelt das **Brambuk Cultural Centre** mit seinem Gariwerd Dreaming Theatre Mythisches aus der Traumzeit und serviert im angeschlossenen Restaurant Bush Tucker mit Krokodil- und Känguru-Fleisch (Grampians Rd., tgl. 9.00–17.00 Uhr).
Nahe der Mündung der Great Ocean Road in die A1 kann man im **Flagstaff Hill Maritime Village,** einem Freilichtmuseum in Warrnambool, Handwerkern bei der Arbeit zuschauen und restaurierte Schiffe bewundern (tgl.).

INFORMATION
Touristenbüros gibt es entlang der Great Ocean Road in den wichtigen Touristenorten wie Port Campbell, Apollo Bay und Lorne
www.greatoceanroad.com.au

02 MELBOURNE

Die zweitgrößte Stadt Australiens ist Regierungssitz des Bundesstaates Victoria: Imposante Baudenkmäler, schicke Einkaufsstraßen, mehr als 3000 Restaurants, lebhafte Szene-Viertel mit angesagten Bars und ein antörnendes Kulturangebot erwarten den Besucher. Im Gegensatz zu anderen Städten auf dem Kontinent wuchs Melbourne nicht aus einem Sträflingslager, sondern wurde von Beginn an als großzügige Wohnsiedlung am Yarra River geplant. Ihren Namen erhielt die Stadt 1837, zu Ehren des damaligen britischen Premierministers William Lamb, Second Viscount Melbourne. Damals lebten bereits um die 10 000 Menschen in der Gegend. Dann machten Goldfunde im Hinterland Melbourne reich, berühmt und groß. Wer Mitte des 19. Jh.s nach Australien auswanderte, hatte meist eine Passage nach Melbourne gebucht. In der City zeugen heute eindrucksvolle Steinbauten und elegante viktorianische Einkaufspassagen von den goldenen Zeiten.

STADTRUNDGANG Die kompakte Innenstadt lässt sich bequem zu Fuß erobern. Dank der rechtwinklig angelegten Straßen fällt die Orientie-

Tipp

Gefängnis zum Gruseln

Lange Zeit haben die dicken Mauern des **Old Melbourne Gaol** die Schreie der zum Tode Verurteilten erstickt, wenn sie zum Galgen geführt wurden. Eher schweigsam schlurfen heutzutage Besucher durch die düsteren Gänge und kargen Zellen der ehemaligen kolonialen Strafanstalt und stehen beinahe andächtig vor dem Hinrichtungsort von Ned Kelly, der trotz seiner Verbrechen in der zweiten Hälfte des 19. Jahrhunderts als verklärter Volksheld lebendig bleibt. Besucher, die weder Tod noch Teufel fürchten, schließen sich bei Kerzenlicht der Hangman's Night Tour an und lassen sich traurige Geschichten von erbärmlichen Schicksalen erzählen.
Russell St., tgl. 9.30–17.00 Uhr, Tickets: www.ticketek.com.au (reservieren!), www.oldmelbournegaol.com.au

rung leicht. Vorausgesetzt, man beachtet, dass parallel zu einigen Hauptstraßen die als „Little" ausgewiesenen schmalen Straßen desselben Namens verlaufen. Wer Sohlen und Kondition schonen will, hüpft zwischendurch in die kostenlose **City Circle Tram** (tgl. 10.00–18.00 Uhr). Wer mit dem Auto in die Stadt fährt, muss der Straßenbahn Platz machen, wenn Verkehrsschilder „Right Turn from Left Only" (rechts abbiegen nur von der linken Fahrspur) anweisen.

SEHENSWERT Östlich der City bringen die **Royal Botanic Gardens** mit über 12 000 Pflanzenarten, Teichen und Gewächshäusern gepflegte Natur in die Stadt. Ein toller Park, der übergeht in das Grün der Kings Domain, wo der monumentale **Shrine of Remembrance** (tgl. 10.00–17.00 Uhr) im Gedenken an die Kriegsopfer aufgetürmt wurde und von der Plattform ganz oben eine herrliche Aussicht auf die Stadt bietet. Noch weiter blicken lässt der 297 m hohe **Eureka Tower** (Southbank, Riverside Quay) vom Sky Deck im 88. Stock mit dem atemberaubenden Glas-Erker „The Edge" (www.eurekaskydeck.com.au). Auch die nur ca. 40 Meter niedrigeren **Rialto Towers** (525 Collins St.) haben ein Observation Deck (beide Türme 10.00–22.00 Uhr). Westlich gewährt das 1856 erbaute **Parliament House** Einblicke in den Politik-Alltag des Bundesstaates (Spring St., Mo. bis Fr. kostenlose Führungen).

Mit dem unscheinbaren **Curtin House** (252 Swanston Street) östlich davon hat es etwas auf sich: Das Open-Air-Kino (Tel. 03/96 63 35 96, www.rooftopcinema.com.au, Tickets reservieren!) präsentiert über den Dächern der Stadt anspruchsvolle Filme. Im Hochsommer werden freitags die Liegestühle weggeräumt, sodass sie für den Rooftop Market (ab 11.00 Uhr) mit „Underground Designer"-Kleidung Platz machen.

MUSEEN Ein Muss ist das **Melbourne Museum** TOPZIEL, mit seinen modern arrangierten Ausstellungen zu Historie, Natur und Gesellschaft. Die Aborigines der Region haben hier an der beachtlichen Bunjilaka Gallery mitgewirkt (Carlton Gardens). Im historischen Zollamt, dem Old Customs House, hält das **Immigration Museum** nahe dem Yarra River die Erinnerung an die frühen Einwanderer Australiens wach. Angesichts detailgetreuer Nachbauten und Displays können Besucher nachvollziehen, welche Leiden viele für ein neues Leben in der neuen Welt auf sich genommen haben (400 Flinders St.; beide Museen: http://museumvictoria.com.au, tgl. ab 10.00 Uhr).

AKTIVITÄTEN Bei **Flussrundfahrten** lassen sich die ansehnlichen Ufer der Stadt vom Yarra River aus erleben. Luftig und mit bester Aussicht nach allen Seiten sitzt man an Deck der „Florence", einem offenen Restaurant-Schiff mit guter Küche. Fr. u. Sa. Lunch Cruise (kein Verzehrzwang) 12.30 u. 14.30 Uhr, Dinner Cruise (Set Menue) 18.30 u. 20.30 Uhr (Berth 3, Southbank Promenade, gegenüber dem Bahnhof Flinders Street Station, www.florence.com.au, Reservierung: Tel 03/96 82 26 00). Alternativen sind mehrmals tgl. stattfindende **Rundfahrten** auf den flach gebauten Ausflugsbooten, die auch niedrige Brücken unterqueren und deshalb weiter flussabwärts vordringen können (z. B. Melbourne River Cruises, ab Berth 5, Southbank Promenade, Tel. 03/86 10 26 00, www.melbcruises.com.au).

HOTELS €€ **Mantra on Little Bourke,** 471 Little Bourke St., Tel. 03/96 07 30 00, http://cityhotels.mantraresorts.com.au. Man übernachtet in Suiten mit großzügigen Badezimmern. Das ist der besondere Reiz des zentralen Stadthotels, das zudem günstige Preise offeriert. 150 Suites.

€ **The Victoria Hotel,** 215 Little Collins St., Tel. 03/96 53 04 41, www.victoriahotel.com.au. Im Herzen der City gelegen, kleine, aber ordentliche Zimmer, Café und Bar. 60 Zi.

RESTAURANT Das €€/€ **Cookie** (Tel. 03/96 63 76 60) serviert im ersten Stock des Curtin House (s. o.) eine exzellente Thai-Küche, auf dem Dach des Hauses gibt es eine kleine **Burger-Bar** – quasi der Vorraum zum Open-Air-Kino.

Es gibt viel zu entdecken im Melbourne Museum

AUSFLÜGE Mit dem Auto sind es etwa 90 Minuten bis **Phillip Island** im Südosten Melbournes. Ein Tagesausflug mit später Rückfahrt, will man die **Penguin Parade** nicht verpassen. Denn der allabendlich unter Flutlicht aus dem Wasser heimwatschelnden Zwergpinguine wegen kommen die Besucher in Scharen (Summerland Beach, Einlass 1 Std. vor Dämmerung, Reservierung: Tel. 03/59 51 28 00, www.penguins.org.au). Am Südwestzipfel der Insel sind Robben („seals") in ihrer Kolonie zu beobachten (Nobbies Marine Centre; Touren unternimmt **Wildlife Cruises,** www.wildlifecoastcruises.com.au) und im Inselinnern Koalas in den Baumwipfeln **(Koala Conservation Centre,** Ecke Tourist/Harbison Rd., tgl.).

INFORMATION
Melbourne Visitor Centre: Federation Square, Tel. 03/96 58 96 58, www.visitmelbourne.com/de
Victoria Visitor Centre: 505 Little Collins St., Tel. 1300 36 63 56, touristische Anlaufstelle für den ganzen Bundesstaat, www.visitvictoria.com

03 GOLDFIELDS

Die Goldfields im Hinterland von Melbourne sind längst leer geräumt, die einstigen Boomtowns sind zu beschaulichen Kleinstädten geschrumpft, mit ihrer eleganten viktorianischen Architektur aber von nostalgischem Charme.

SEHENSWERT So auch **Bendigo** (ca. 134 km nördl.), wo die Central Deborah Gold Mine Besucher tief in die stillgelegten Stollen lässt

Tipp

Museum voller Wolle

Ohne Schafe und deren wolliges Haarkleid hätte das moderne Australien kaum einen Fuß in den Weltmarkt setzen können. Zumindest im 19. Jh. nicht, als Geelong (ca. 73 km südöstl. von Melbourne) zum Wollzentrum des Landes aufstieg. Heute hat der alte Wollspeicher der Küstenstadt aus dem Jahre 1872 ausgedient, macht aber großzügig Platz für fesselnde Ausstellungen und Animationen rund um die australische Wollproduktion im Wandel der Zeit. Das National Wool Museum ist einzigartig auf dem Kontinent.

Geelong, 26 Moorabool St., Tel. 03/52 27 07 01, www.nwm.vic.gov.au

(Ecke High/Violet St.). Oder **Ballarat** (ca. 114 km westl.), wo eine komplette Goldgräbersiedlung als Sovereign Hill detailgetreu nachgebaut wurde (Bradshow St., tgl. ab 10.00 Uhr). Nach Einbruch der Dunkelheit dient das Freilichtmuseum als Kulisse für die Light and Sound Show „Blood on the Southern Cross". Dabei wird der Goldgräberaufstand von der Mitte des 19. Jh.s inszeniert, der sich gegen überhöhte Schürfgebühren richtete und blutig niedergeschlagen wurde.

INFORMATION

siehe Melbourne

04 CANBERRA

Auf dem Dach des New Parliament House stehend, liegt einem die Hauptstadt Australiens zu Füßen: ein verblüffend symmetrischer Grundriss, auf dem Reißbrett entstanden. Der Capital Hill ist eigentlich eine Stadt für sich mit viel Platz für sachlich moderne Regierungsbauten, mit überbreiten Avenues und Parkplätzen sowie dem aus internationalen Domizilen zusammengesetzten Botschaftsviertel. Jenseits des künstlich angelegten Lake Burley Griffin gehört Canberra den Bürgern. Die lebhafte Mall konzentriert Läden und Lokale um sich, während die weitläufigen Parks am Seeufer der Freizeit und Erholung dienen.

SEHENSWERT Wie ein riesiger Dachsbau unterhöhlt das **New Parliament House** den Capital Hill. Wer die peniblen Sicherheitskontrollen hinter sich hat, darf durch großzügige, extravagant ausgestattete Räumlichkeiten des 1988 fertiggestellten Abgeordnetenhauses wandeln und mit dem Lift hinauf zur sensationellen Aussicht auf dem Grasdach fahren (Parliament Dr., tgl. 9.00 bis 17.00 Uhr, Führungen alle 30 Min.).

Das **Old Parliament House** von 1927, ca. 1000 m entfernt, hat als zentraler Regierungsbau zwar ausgedient, demonstriert mit seinem in Holz und Leder gehaltenen Interieur jedoch die würdevolle Tradition einer vermeintlich guten alten Zeit (King George Tce., tgl. 9.00–17.00 Uhr, Führungen mehrmals tgl.).

MUSEEN Das **National Museum of Australia** gilt als Prachtexemplar einer ganz neuen Museumspädagogik: unterhaltsam, spannend, abwechslungsreich, animierend und dabei lehrreich für Alt und Jung. Besucher erleben alle möglichen Facetten Australiens auf kleinstem Raum, Natur, Historie oder auch Gesellschaft betreffend (Lawson Cres., Acton Peninsula, tgl. 9.00–17.00 Uhr, einstündige Führungen). Am Südufer des Lake Burley Griffin beeindrucken Bau, Exponate und Skulpturengarten der **National Gallery of Australia** (10.00–17.00 Uhr, www.nga.gov.au).

UMGEBUNG Über 200 km südwestlich der Hauptstadt verheißen mehr als 2000 m hohe Berge im Winter schneebedeckte Hänge. In den meisten Jahren können Skifahrer zwischen Juni und September hier die **Snowy Mountains** hinabwedeln. Der Mount Kosciuszko ist die höchste Erhebung auf dem Kontinent, **Thredbo Village** im Tal die erste Adresse für wintersportlichen Urlaub. Der alles umgebende **Mt. Kosciuszko National Park** befriedigt auch in der wärmeren Jahreszeit, wenn man auf gut präparierten Wanderrouten die alpine Gebirgslandschaft erkunden kann. Wer den Aufstieg scheut, lässt sich im Lift aussichtsreich hinaufbringen.

INFORMATION

Visitor Centre Canberra, 330 Northbourne Ave., Canberra, Tel. 02/6205 0044, www.visitcanberra.com.au, www.canberraconnect.act.gov.au
Snowy Mountains: www.snowymountains.com.au

Von Kriegsdenkmälern flankiert ist die ANZAC Parade in Canberra.

Nicht versäumen!

NATUR

Fragile Steilküste
Wind und Wellen nagen unablässig an den Kalksteinfelsen der „Twelve Apostles" im Port Campbell National Park. Vom Land aus ein Bild wie eine gelungene Foto-Tapete, aus der Vogelperspektive ein atemberaubendes 3-D-Kino.

TOPZIEL Siehe Nr. 01

ÜBERNACHTEN

Nachts auf dem Leuchtturm
Zimmer mit Meeresrauschen vermietet die historische Cape Otway Lightstation in unterschiedlichen Häusern. Zum Beispiel kann man dort übernachten, wo ehemals der Leuchtturmwärter oberhalb der Steilküste gewohnt hat.

Siehe Nr. 01

NATUR

Schroffes Bergland auf weiter Ebene
Ein Naturparadies mit einsamen Wanderrouten zwischen über 1000 m hohen Gipfeln ist der Grampians National Park. Spektakuläre Aussichtspunkte lassen die Wildnis überblicken.

TOPZIEL Siehe Nr. 01

KULTUR

Museum mit Pfiff
Äußerlich wie innerlich macht das Melbourne Museum Eindruck. Vor allem die Bunjilaka Gallery, die von den Aborigines der Region mitgestaltet wurde. Im IMAX Theatre werden 3-D-Filme auf Riesenleinwänden gezeigt.

TOPZIEL Siehe Nr. 02

NATUR

Der australische Bergriese
Bedauerlich, wenn man auf dem extrem flachen Kontinent die höchste Erhebung nicht schafft! Der Mt. Kosciuszko lohnt das ganze Jahr über den Aufstieg: im Frühling/Sommer zum Wandern, bei Wintereinbruch zum Skifahren.

Siehe Nr. 04

Kleinster Bundesstaat ganz groß

Die Inselidylle südlich des kontinentalen Festlands soll mit reinster Luft und sauberstem Wasser aufwarten. Tatsächlich schmecken Fische aus tasmanischen Gewässern unglaublich frisch und Wanderer können in ausgedehnten Nationalparks ganz tief durchatmen. Das zu kolonialer Zeit als Vorhölle berüchtigte Sträflingslager betört heute mit viktorianischer Anmut – vor allem in der Inselhauptstadt Hobart, unweit der Traumstrände an der Ostseite. Die weitgehend unberührte Wildnis im Westen dagegen stößt an pittoresk zerklüftete Felsküsten.

Äußerst reizvoll, auch zum Wandern: der Cradle Mountain – Lake St. Clair National Park

01

Wir mögen nahe am Ende der Welt leben, aber deshalb noch lange nicht hinter dem Mond." Die Tassies, wie sich die knapp 500 000 Insulaner nennen, leiden seit jeher unter dem Stigma, auf einem wenig beachteten Ableger des Kontinents gelandet zu sein. Bis zum Ende der letzten Eiszeit vor ca. 12 000 Jahren gab es noch eine Landbrücke zum Festland. Dann flutete der ansteigende Meeresspiegel die etwa 250 km breite Bass Strait, einzig das Bergland im äußersten Süden blieb über Wasser: Tasmanien ist die größte Insel Australiens.

Eine Insel für Individualisten

Die meisten Australienbesucher, unterwegs auf den Hauptreiserouten, lassen Tasmanien links liegen. Pech für sie, Glück für die wenigen, die den Sprung über die meist raue, aufgepeitschte Bass Strait wagen. Denn so bleibt die wunderschöne Insel, deren landschaftliche Vielfalt verblüfft, vom Massentourismus weithin verschont. Außer Trockengebieten gibt es eigentlich fast alles: alpine Bergmassive, hügeliges Weideland, Urwälder, Moore, Flusstäler, Steilküsten, Fjorde und paradiesische Sandstrände, wie in der Bay of Fires im dünn besiedelten Nordosten, wo türkisblaues Meer an weißen Sand spült. Dabei sind die Entfernungen gering, gemessen an den endlos erscheinenden Distanzen auf dem australischen Festland. Von Hobart oder Launceston ist es jeweils nur eine Autostunde in die einsame Natur: hin zu verschwiegenen Badestränden oder auf verschlungene Wanderpfade.

Hobart: Hafenstadt mit Historie

Einmal im Jahr steht die behagliche Inselmetropole Kopf: immer im Hochsommer, wenn Anfang Januar die pfeilschnellen Segelboote des viel beachteten „Sydney-to-Hobart Yacht Race" am Constitution Dock ins Ziel einlaufen, während zeitgleich zwei populäre Volksfeste, nämlich das Taste of Tasmania und das Hobart Summer Festi-

01 *Launceston hat viele gut erhaltene Bauten*
02 *Wineglass Bay im Freycinet National Park*
03 *Über Brücken durch die Cataract Gorge*

01 *Am Victoria Dock in Hobart dümpeln Fischerboote sanft im Wasser*

02 *Der Blick vom Mount Nelson auf Hobart ist ein Blick auf eine reiche Geschichte*

03

04

val, die Menschen in das hübsche Hafenviertel an der Sullivans Cove locken. Liebevoll und akkurat wurde die historische Keimzelle Hobarts erhalten – ob am Salamanca Place mit seinen stattlichen Lagerhäusern, am Battery Point oder auf dem Parliament Square. Über 90 Gebäude sind als „historisch wertvoll" vermerkt. „Für einen Rundgang durch die Innenstadt müssen Sie sich mindestens einen halben Tag Zeit nehmen!" Die freundliche Dame im Visitor Information Centre kennt die Fallstricke jeder Stadtbesichtigung, weiß, wie viele einladende Cafés und Gasthäuser, originelle Läden, attraktive Galerien und tolle Restaurants unterwegs aufhalten.

Gefangen in liebreizender Landschaft

Auf der Suche nach Gewahrsam für die schlimmsten aller Verbrecher wurde das koloniale England im Jahr 1830 ausgerechnet auf der malerischen Tasmanian Peninsula fündig. Der exponierte Platz war nur durch eine schmale Landenge, Eaglehawk Neck genannt, mit dem Rest der Insel verbunden, also so gut wie von der Welt abgeschnitten. Port Arthur schien von der Natur wie geschaffen für ein ausbruchssicheres Sträflingslager. Wenn heute der Wind durch die steinernen Ruinen der Gefängnisanlage pfeift, meint man die wimmernden Klagelaute der geschunde-

SPECIAL Tasmanischer Teufel

Ein Herz für Tasmanische Teufel

Als der Tasmanische Tiger, einst das größte Fleisch fressende Beuteltier Australiens, ausgerottet war, kam jede Reue zu spät. Alle Versuche, den Beutelwolf durch Klonen wiederzubeleben, scheiterten.

Ein solches Schicksal, da sind sich eigentlich alle Australier einig, soll dem deutlich kleineren Beutelteufel - besser bekannt als Tasmanischer Teufel – erspart bleiben.

Der Beutelteufel ist ernsthaft bedroht

Wird das ca. 70 cm lange, gedrungene und kohlrabenschwarze Tier wütend, bleckt es die kleinen Reißzähne im spitzen Maul und die Ohren leuchten feuerrot. Das ist aber auch schon das einzig Erschreckende an dem putzigen Beutelteufel, der heute nur noch auf Tasmanien vorkommt. Doch die Bestände sind jetzt ernsthaft bedroht. Denn immer mehr der Tiere, deren Anzahl heute auf unter 100 000 geschätzt wird, erkranken an einem aggressiven, tödlichen Gesichtskrebs. Selbst die vier Beutelteufel, die 2005 zur Geburt des dänischen Prinzen Christian – seine Mutter, Prinzessin Mary, stammt von der australischen Insel - an den Zoo in Kopenhagen verschenkt wurden, gelten inzwischen als infiziert. Die Krebsart wirkt ansteckend. Damit die gefährdete Art nicht ausstirbt, wurden knapp 50 gesunde Tiere auf das australische Festland gebracht. Dorthin, wo der Beutelteufel bis ins 14. Jahrhundert hinein auch heimisch war. Beinahe wäre er damals von Siedlern ausgerottet worden, die das nachtaktive Tier als Bedrohung für ihr Vieh betrachteten. Erst nachdem er 1941 unter Schutz gestellt wurde, konnten sich die Bestände wieder erholen.

03 *Der Hafen von Hobart gilt als einer der schönsten des Landes*

04 *Bunt wie der Markt ist das Volk am Salamanca Place in Hobart*

01

02

03

04

nen, oft zu lebenslanger Zwangsarbeit verurteilten Häftlinge zu hören. Wer die Geister nicht fürchtet, besucht den Friedhof auf der Isle of the Dead. Oder schließt sich der nächtlichen Historic Ghost Tour an, schaurige Schattenspiele und Gruselgeschichten inklusive. 1853 beendeten die Briten offiziell die Deportationen nach Australien, doch in Port Arthur kamen die letzten Zwangsarbeiter erst 24 Jahre später frei. Als Zeitzeuge hat sich der in England geborene und in Melbourne gestorbene Schriftsteller Marcus Clarke mit dem grausamen System der Sträflingslager auseinandergesetzt. Herausgekommen ist der ergreifende Roman „Lebenslänglich" („His Nature Life"), in dessen Mittelpunkt das Schicksal entflohener Häftlinge steht.
Doch das größte Unrecht wurde im traurigsten Kapitel tasmanischer Geschichte den Ureinwohnern angetan. Von den ca. 5000 auf der Insel lebenden Aborigines überlebte niemand die eingeschleppten Krankheiten oder Übergriffe englischer Truppen und weißer Siedler. Eine als charismatisch beschriebene Aborigine namens Truganini gilt als letzte Angehörige ihres Volkes. Sie starb am 8. Mai 1876.

Paradiesische Naturlandschaften

Kein Wunder, dass der australische Umweltschutz auf Tasmanien seine rebellischen Anfänge nahm: In den 1980-Jahren galt es, in bereits ausgewiesenem Naturschutzgebiet den Bau eines Staudamms am Unterlauf des Franklin River zu verhindern. Aus den erfolgreich verlaufenden Protestaktionen ist die australische Umweltschutzpartei The Greens hervorgegangen, die bis heute auf vehemente Ablehnung der meisten Farmer und, mehr noch, der einflussreichen Holzindustrie stößt. Übrigens dürfen die Landwirte auf der Insel – als einzige der südlichen Hemisphäre – Opium („opium poppies") zu medizinischen Zwecken anbauen. Die Felder mit den roten und weißen Mohnblüten erstrecken sich im Nordwesten.
Nach dem Rodungswahn in Pioniertagen scheint die tasmanische Natur inzwischen wieder mit sich im Reinen: Die Hälfte der Fläche ist bewaldet, über ein Viertel steht unter Schutz – und ein Teil des alpinen Cradle Mountain – Lake St. Clair National Park gehört sogar zum UNESCO-Welterbe. Australiens berühmteste Wanderroute, der über 70 km lange Overland Track, weiß hier zu beeindrucken. In der von eiszeitlichen Gletschern geformten Wildnis haben sich auch zahlreiche, nur auf Tasmanien beheimatete Pflanzen gehalten, zum Beispiel eine über neun Meter hohe Heide-Art (Richea), die im Aussehen der Yucca-Palme ähnelt. Star der heimischen Tierwelt ist der Tasmanische Teufel (s. Special). Der letzte Beutelwolf (Tasmanische Tiger) verstarb 1936 im Zoo von Hobart. Überall aber blickt sein Konterfei dem Reisenden entgegen: von Autonummernschildern, Münzen oder Bierdosen.

Gaumenfreuden für Genießer

Tasmaniens Nordosten rühmt sich, mit die delikatesten Meeresfrüchte in ganz Australien auf den Tisch zu zaubern: Garnelen aus kaltem Küstenwasser, fleischige Jakobsmuscheln, zarte Flundern und kinderfaustgroße Abalonen (Meeresschnecken). Vor 15 Jahren verliebte sich die Kanadierin Kim Seagram zuerst in einen Tasmanier – dann in dessen Heimatstadt Launceston, wo sie heute mit ihrem Mann das Stillwater River Café betreibt und deshalb weiß, wie Tasmanien auf der Zunge zergeht: „Die Zutaten und der Wein hier lassen uns wie Könige speisen, ohne dass es ein Vermögen kostet." Also bestellen ihre Gäste bereitwillig Austern geradewegs aus dem Netz oder frisch gefangene Langusten. „Und weil die Nächte kalt und die Tage warm sind, entfalten Gemüse und Früchte ihre natürliche Säure, schmecken deshalb intensiver." Im nahen Tamar Valley produzieren immerhin 17 Weingüter respektable Tropfen, wie Pinot Gris, Pinot Noir und Gewürztraminer – dem Mikroklima sei Dank.

01 *Aus Goldgräberzeiten: West Coast Wilderness Railway*
02 *Cradle Mountain Lodge, mit erholsamem Spa*
03 *Kirche in der Sträflingsstadt Port Arthur*

04 *Wandernd lässt sich der Cradle Mountain – Lake St. Clair National Park bestens erleben*

Victoria
Melbourne
Geelong
Ballarat
Bendigo
Maldon
Harcourt
Castlemaine
Kyneton
Daylesford
Creswick
Beaufort
Streatham
Skipton
Lismore
Camperdown
Cobden
Port Campbell
Colac
Winchelsea
Anglesea
Forrest
Lorne
Apollo Bay
Princetown
Cape Otway
Lighthouse (1848)
Otway Nat. P.
Surfing Beaches
Ocean Grove
Barwon Heads
Queenscliff
Port Phillip Bay
Werribee
Melton
Sunbury
Gisborne
Kilmore
Seymour
Broadford
Yea
Whittlesea
Craigieburn
Kinglake Nat. P.
Healesville
Warburton
Dandenong
Cranbourne
Pakenham
Koo Wee Rup
Hastings
Phillip I.
French I. Nat. P.
Wonthaggi
Inverloch
Korumburra
Foster
Walkerville
Cape Liptrap
Tidal River
Wilsons Promontory Nat. P.
South East Point
Corner Inlet
Port Welshpool
Port Albert
Snake I.
Yarram
Warragul
Moe
Yallourn
Traralgon
Morwell
Erica
Heyfield
Sale
Seaspray
Ninety Mile Beach
Loch Sport
Paynesville
Bairnsdale
Lakes Entrance
The Lakes Nat. P.
Orbost
Marlo
Buchan
Buchan Caves
Cann River
Mallacoota
Mallacoota Inlet
Croajingolong Nat. P.
Rame Head
Pt. Hicks
Genoa
Eden
Bombala
Delegate River
Old School Museum
Rockton
Bonang
Errinundra
Suggan-Buggan
Omeo
Swifts Creek
Dargo
Mitchell River Nat. P.
Alpine Nat. Park
Mt. Beauty
Mt. Feathertop
Mt. Nugong
The Horn
Mt. Buller
Mansfield
Jamieson
Eildon
Alexandra
Merton
L. Eildon
Mt. Baw Baw
Thomson Dam
Baw Baw Nat. P.
Neerim South
Wellington
Aviation Museum
Tank Museum
Bass Strait
Hogan Group
Kent Group
King I.
Cape Wickham
Yambacoona
Currie
Grassy
Stokes Pt.
Flinders I.
Palana
Whitemark
Furneaux Group
Mt. Strzelecki Nat. P.
Lady Barron
Mount Munro
Cape Barren Island
Clarke I.
Banks Strait
Cape Portland
Three Hummock I.
Three Humm. I. Nat. Res.
Hunter I.
Robbins I.
Woolnorth Pt.
Stanley
Circular Head
Smithton
Marrawah
West Pt.
Bass Hwy.
Wynyard
Burnie-Somerset
Penguin
Ulverstone
Devonport
Latrobe
Sheffield
Yolla
Richardson Pt.
Balfour
Mt. Norfolk
Savage River Nat Park
Waratah
Savage River
Corinna
Pieman Riv.
Cradle Valley
Cradle Mtn.
Mt. Ossa
L. St. Clair Nat. P.
Zeehan
Rosebery
Queenstown
Strahan
Copper Mines
Macquarie Harbour
Pillinger
Franklin Gordon Wild Rivers Nat. P. L.
Southwest Cons. Area
Pt. Hibbs
Strathgordon
L. Gordon
L. Pedder
Low Rocky Pt.
South West Nat. P.
Tasmanian Wilderness
South West Cape
Maatsuyker Group
South East Cape
Hist. Railway
Southport
Dover
Geeveston
Huonville-Ranelagh
Mt. Anne
Maydena
Mt. Field Nat. P.
Tarraleah
Bothwell (Hist. Town)
Hamilton
Kempton
Bridgewater
Glenorchy
New Norfolk
HOBART
Kingston
Woodbridge
Bruny I.
Lighthouse (1836)
Tasman Head
Storm Bay
Nubeena
Port Arthur (Hist. Town)
Tasman Pen.
Dunalley
Sorell
Midway Point
Triabunna
Maria I.
Maria I. Nat. Park
Schouten I.
Freycinet Nat. P.
Freycinet Pen.
C. Forestier
Swansea
Bicheno
Dougl.-A. Nat. Park
Avoca
Campbell Town
Fingal
St. Marys
St. Helens
Tasman Hwy
Ben Lomond N.P.
Ben Lomond
Perth
Launceston
Lilydale
Longford
Poatina
Deloraine
Great L.
Oatlands (Hist. Town)
Milit. Train. Area
Riv. Derwent
Mersey Riv.
George Town
Ilfraville
Bridport
Scottsdale
Derby
Gladstone
Cape Naturaliste
Mt. William Nat. P.
Tasmania
01
02
03
04
05

Tour durch Tasmanien

Für Naturliebhaber ist die Insel unbestritten das Kleinod des Kontinents. Auf einer Fläche etwa so groß wie Bayern stehen 20 Prozent als Nationalpark unter Schutz. Im Südwesten reicht weite waldreiche Wildnis bis an die unzugängliche Küste. Bergwanderer kommen im Cradle Mountain – Lake St. Clair National Park auf ihre Kosten, Strandläufer in den sandigen Buchten an der Ostseite. Dazwischen liegt Hobart an einem der schönsten Naturhäfen der Welt.

01 HOBART

Rund 200 000 Menschen leben in der Stadt am Fuß des Mt. Wellington, beinahe die Hälfte aller Tassies. Als zweitälteste Ansiedlung Australiens kann Hobart kapitale Baudenkmäler und eine ereignisreiche Historie aus kolonialer Zeit pflegen. Die Gegenwart verwöhnt mit schicken Straßencafés, delikaten Restaurants und angesagten Bars. Heute kaum vorstellbar, dass dieses schöne Fleckchen Erde zu beiden Seiten des Derwent River im Empire des 19. Jh.s zur Verbannung von Sträflingen missbraucht wurde. Gleichzeitig wuchs die Ansiedlung zu einem weltweit bedeutsamen Hafen für Walfänger. Die brachten dann ersten Wohlstand und schufen die Grundmauern für heute gut erhaltene Bauten aus tasmanischem Sandstein.

SEHENSWERT Ursprünglich befand sich am **Battery Point** ein Munitionslager. Doch bald bevölkerten Fischer, Kaufleute und Handwerker die

Beliebt: der Markt auf dem Salamanca Place

Hanglage mit Blick auf den Fluss. Das historische, gepflegte Viertel mit seinen geduckten Häusern an engen Gassen und unter Gaslaternen spiegelt die Wohnverhältnisse im frühen 19. Jh. wider. Ein Rundgang sollte auch in die urigen Schankräume traditioneller Gasthäuser wie „Shipwright's Arms" (Trumpeter St.) führen. Nur wenige Meter weiter zum Wasser hin zeugen auch die steinernen Lagerhäuser am **Salamanca Place** **TOPZIEL** von den Anfängen Hobarts. Wo früher Handel und Kleinindustrie ihr Tagwerk verrichteten, hat sich heute Schöngeistiges mit Galerien, Kunsthandwerksläden, Antiquariaten sowie beliebten Lokalen breitgemacht. Viel los ist immer rund um die vielen bunten Marktstände beim **Salamanca Market** am Samstag (8.30–15.00 Uhr). Nebenan am Parliament Square war das von Sträflingen errichtete **Parliament House** zunächst Zollstation (keine Führungen, wenn das Parlament tagt). Als maritimer Mittelpunkt dient nach wie vor die von städtischer Geschäftigkeit umgebene Sullivans Cove, wo am **Constitution Dock** Fischerboote und Yachten festmachen.

Auf dem Weg zum westlich gelegenen Mt. Wellington kann man einen Zwischenstopp in der **Cascade Brewery** einlegen. Eine Führung zeigt, wie damals und heute gutes Bier gemacht wird. Die Geschmacksprobe zum Schluss ist obligatorisch (Cascade Rd., Mo.–Fr., Reservierung notwendig, Tel. 03/62 24 11 17). Südlich liegt der **Mt. Nelson** mit seinem fantastischen Blick.

MUSEEN Eine Fülle an faszinierender Heimatkunde beherbergt das westlich vom Arthur's Circus gelegene **Narryna Heritage Museum,** untergebracht in einer eleganten Villa mit Garten von 1836 (103 Hampden Rd., Di.–So. ab 10.30/14.00 Uhr). Das **Maritime Museum of Tasmania** nahe dem Franklin Square hält mit Fotos, Dokumenten, Karten und Schiffsmodellen die spannungsgeladene Seefahrtsgeschichte der Insel präsent. Einen Schwerpunkt bildet das ebenso grausame wie lebensgefährliche Geschäft der Walfänger (16 Argyle St., tgl. ab 9.00 Uhr). Der Besuch des **Tasmanian Museum & Art Gallery** gegenüber lohnt allein schon wegen dessen Bau. Der Teil des Commissariat Store stammt von 1808 und ist die älteste Bausubstanz der Stadt. Von Interesse sind Naturkundliches sowie Kulturelles der Ureinwohner. Zur Kunstausstellung gehören sehenswerte Bilder aus dem 19.Jh., einige von Sträflingen angefertigt (40 Macquarie St., tgl.).

AKTIVITÄTEN Am Visitor Centre beginnt tgl. der geführte **Hobart Historic Walk** – anschaulicher kann Geschichtsunterricht gar nicht sein. Die **Historic Ghost Tour** führt durch das nächtliche Port Arthur (www.portarthur.org.au).

Verschiedene Veranstalter bieten mehrtägige geführte **Rafting-Touren** ab Hobart an (z. B. Rafting Tasmania, Tel. 03/62 39 10 80, www.raftingtasmania.com).

HOTELS €€€ **The Henry Jones,** 23 Hunter St., Tel. 03/62 10 77 00, www.thehenryjones.com. Der Beiname „Art Hotel" verpflichtet. In dem ehemaligen Fabrikgebäude rahmen historische Gemäuer moderne Kunst. Die meisten Zimmer mit Blick aufs Wasser. Bar, Restaurant, Café. 35 Zi.
€€€/€€ **Quest Savoy,** Ecke Collins/Elizabeth St., Tel. 03/62 20 23 00, www.questapartments.com.au. Luxuriöses Boutique-Hotel mit viel Atmosphäre in der City. 31 Zi.

Tipp

Sträflingen auf der Spur

Auf etwa 40 ha bewahrt die Port Arthur Historic Site über 30 Gebäude der kolonialen Sträflingssiedlung. Am Visitor Information Centre erhält jeder Besucher eine fiktive Häftlingsidentität, deren Schicksal er durch die Abteilungen folgt. Die Besucher werden zur Kirche geführt, die nie gesegnet wurde, weil sie für alle Konfessionen bestimmt war; zum Asyl, das einst die Alten und Siechen, heute das Museum beherbergt; zum Guard Tower, von dem aus nach flüchtigen Sträflingen Ausschau gehalten wurde; und zum Penitentiary, einem trutzigen Gefängnisbau, der zeitweise 500 Sträflingen Platz bieten musste. Für die Besichtigung des Geländes sollte man mind. 4 Stunden veranschlagen. Bei dem im Frühjahr stattfindenden Festival „The Beating Retreat" (Abb.) begleitet ein buntes Rahmenprogramm einen feierlichen militärischen Aufmarsch, der auf einer traditionellen Zeremonie der Briten basiert.
Tgl. 9.00–17.00 Uhr, Tel. 03/62 51 23 10 oder 1800 65 91 01 (gebührenfrei), www.portarthur.org.au

Tipp

Außergewöhnliche Auster

Beim Schlürfen schmecken Gourmets den Unterschied auf Anhieb: Tasmanische Austern gehen runter wie Happen steif geschlagener Sahne, sind dabei salzig und von angenehm weicher Konsistenz. „Solch edle Schalentiere gedeihen nur in sauberen, kühlen Küstengewässern.“ Damit wirbt die Barilla Bay Oyster Farm nahe Hobart, eine von über 100 Austernfarmen auf der Insel. Verschweigt aber nicht, dass die Austernart weniger lang ohne Kühlung überlebt als z. B. die Sydney Rock Oyster. *Barilla Bay Oyster Farm, 1388 Tasman Hwy, Cambridge, Tel 03/6248 5458, Verkauf tgl. 7.30–18.00 Uhr, Führung: Sa., So., 12.00 und 16.00 Uhr, www.barillabay.com.au*

€€ **Corinda's Cottages,** 17 Glebe St., Tel. 03/ 62 34 15 90, www.corindascottages.com.au. Um einen stattlichen Herrensitz im viktorianischen Stil gruppieren sich drei zauberhafte Cottages. Das schönste ist sicherlich „Servants' Quarters“, die ehemalige Bedienstetenunterkunft, heute mit geschmackvollen Antiquitäten ausgestattet.

RESTAURANT € **New Sydney Hotel,** 87 Bathurst St., Tel. 03/62 34 45 16. Das zentral gelegene Kneipenrestaurant ist immer gut besucht. Aus gutem Grund: Die Speisen, die man am Tresen bestellt und bezahlt („counter meals“), sind lecker, gut portioniert und preiswert.

INFORMATION
Visitor Centre, Davey/Elisabeth St., Hobart, Tel. 03/62 30 82 33;
weitere Infos über: www.hobarttravelcentre.com.au, www.discovertasmania.com, www.tas.gov.au

02 NATIONALPARKS BEI HOBART

Westlich von Hobart liegen Nationalparks, die teils schöne Tracks bieten.

SEHENSWERT Alpine Moore, Regenwälder, Seen und Wasserfälle machen den Reiz des **Mount Field National Park** aus. Der sich selbst und der heimischen Tierwelt überlassene Naturraum, nur 80 km nordwestlich von Hobart gelegen, war der erste Nationalpark auf der Insel. Wer hier bei einer Wanderung keinen Tasmanischen Teufel zu Gesicht bekommt – was sehr wahrscheinlich ist –, sollte 4 km weiter östlich bei **Something Wild** vorbeischauen (2080 Gordon River Rd., tgl. 10.00–17.00 Uhr). Der kleine Tierpark kümmert sich um verletzte oder erkrankte Wildtiere, um sie nach ihrer Gesundung wieder in die freie Natur zu entlassen. Es müsste mit dem Teufel zugehen, wenn kein Tasmanischer Teufel unter den Patienten wäre.
Entlegener, einsamer und unberührter als im westlich davon gelegenen, ausgedehnten **Southwest National Park** ist es nirgendwo auf der Insel. An den anspruchsvollen Wanderrouten scheitern Spaziergänger: Fünf Tage braucht man für den **Port Davey Track,** sieben Tage für den **South Coast Track.** Mit dem Auto gelangt man bis **Strathgordon** am **Lake Pedder** – und will erst einmal nicht mehr weiter, zu schön ist die buchtenreiche Seenlandschaft.

UNTERKUNFT Bleiben kann man auf dem Campingplatz oder im **Lake Pedder Chalet** (Gordon River Rd., Tel. 03/62 80 11 66, www.lakepedderchalet.com.au).

INFORMATION
siehe Hobart

03 STRAHAN

Der hübsche Hafenort liegt an der Westküste der Insel. Der Lyell Highway windet sich hierher durch naturbelassene Landschaften.

SEHENSWERT Strahan gewährt unkapriziös Einlass in den ansonsten recht abweisenden Franklin-Gordon Wild Rivers National Park. Denn vom geschützten **Macquarie Harbour** fahren Ausflugsboote den Gordon River hinauf dorthin.
Dem West Coast Visitor Centre, der Auskunftsstelle an der West Coast überhaupt, ist ein **Theater** angeschlossen, in dem eine pantomimische Episode aus dem einstigen Sträflingslager auf Sarah Island aufgeführt wird (tgl. 17.30 Uhr).

AKTIVITÄT Zwischen Strahan und dem Minenort Queenstown (östl.) verkehrt die **West Coast Wilderness Railway,** ein uriger Dampfzug aus Goldgräbertagen, als Erze auf der 35 km langen Gleisstrecke durch den Urwald verfrachtet wurden. Heute nehmen Touristen in nostalgischen Waggons Platz (Dauer: ca. 5 Std., Fahrplanauskunft und Reservierung: Tel. 03/64 71 43 00).

UMGEBUNG Als **Franklin-Gordon Wild Rivers National Park** erstreckt sich die Regenwald-Wildnis östlich von Strahan. Wassersportler dringen hier bis zu den schäumenden Wildwassern des Franklin River vor, berüchtigt für seine spritzigen Rafting Trips (s. o., Hobart, Aktivität).

INFORMATION
West Coast Visitor Centre
The Esplanade, Strahan, Tel. 03/64 72 68 00

04 CRADLE MOUNTAIN – LAKE ST. CLAIR N.P.

Die Naturlandschaft mit dem langen Namen führt hoch hinauf, lässt aber auch tief blicken.

SEHENSWERT **Mt. Ossa,** mit 1617 m der Berg-Gigant der Insel, ragt im **Cradle Mountain – Lake St. Clair National Park** **TOPZIEL** empor, im Winter sogar schneebedeckt. Knapp 170 m sind es hingegen bis zum Grund des Lake St. Claire, kein australischer Süßwassersee hat mehr Tiefe. **Cradle Valley** macht im Norden den Weg frei in die auf der World-Heritage-Liste erfasste Wildnis des 16 000 ha großen Parks.

AKTIVITÄT Eine echte Herausforderung ist der **Overland Track.** 6 Tage dauert die 80-km-Wanderung der Superlative bis zum Lake St. Clair im Süden, wo man ebenfalls auf touristische Bedürfnisse eingestellt ist. Damit die Strecke im Sommer nicht zu überlaufen ist, regelt ein Buchungssystem die Anzahl der Wanderer pro Tag (Reservierung: Tel. 03/ 62 33 60 47, www.overlandtrack.com.au).

HOTEL € **Cradle Mountain Lodge,** Cradle Mountain Rd., Tel. 03/ 64 92 11 33, www.cradlemountainlodge.com.au. In komfortablen Holzhäusern beherbergt die Lodge ihre Gäste. Hier beginnen reizvolle Wanderungen durch die von urzeitlichen Gletschern geprägte Bergwelt.

INFORMATION
Cradle Mountain Visitor Centre
Cradle Mountain Rd., Cradle Valley, Tel. 03/64 92 11 10;
Visitor Centre (am Lake St. Clair), Cynthia Bay, Tel. 03/62 89 11 72

05 LAUNCESTON

Wer der Architektur des 19. Jh.s nicht überdrüssig wird, fährt 200 km durchs Inselinnere, um in der zweitältesten und zweitgrößten Stadt Tasmaniens auf noch mehr gut erhaltene Baudenkmäler zu treffen. Wem die knapp 100 000 Einwohner dann doch zu viel sind, der kann in die Wein- und Obstgärten des Tamar Valley entfliehen. Schon 1804 haben erste Siedler hier ihre Zelte aufgeschlagen. Heute gruppiert sich die kompakte Innenstadt mit luftigen Grünanlagen rund um die Brisbane Street Mall. Spazierwege begleiten das Ufer des Tamar River, bis hin zum Old Seaport, wo Gastronomie in ansprechendem Ambiente und mit Blick aufs Wasser zum Verweilen einlädt.

MUSEEN Ein Mix aus Kunstausstellungen und naturkundlichen Exponaten formiert sich zum **Queen Victoria Museum & Art Gallery**. Besondere Beachtung gilt der stattlichen Sammlung von Werken aus der Kolonialzeit, einige haben Sträflinge angefertigt (2 Wellington St., tgl. 10.00 bis 17.00 Uhr).

Was das **National Automobile Museum of Tasmania** an Oldtimern auffährt, sucht seinesgleichen auf dem Kontinent. Über 100 Ausstellungsstücke führen automobile Vergangenheit seit Beginn des 20. Jh.s vor Augen. Vor allem Motorrad-Fans werden sich nicht sattsehen können (86 Cimitiere St., tgl. 9.00–17.00, im Winter ab 10.00 Uhr).

HOTEL € **Hillview House,** 193 George St., Tel./Fax 03/ 63 31 73 88, www.hillviewhouse.net.au. Die erhabene Lage der denkmalgeschützten Villa beschert wunderschöne Ausblicke auf die Stadt und das Tal des Tamar River. 9 Zi.

RESTAURANT €€/€ Moderne, asiatisch und europäisch inspirierte Küche in einer alten Mühle: Das **Stillwater River Café Restaurant & Wine Bar** (Ritchies Mill, Paterson St., Tel. 03/ 63 31 41 53, tgl. ab 8.30 Uhr) tischt tagsüber lässig im Bistrostil auf, abends zum Dinner dann werden die Tafeln festlich eingedeckt. Die außerordentliche Weinkarte garantiert, dass es zu den Speisen immer den passenden Tropfen gibt. Nach dem Abendessen trifft man sich an der Bar.

UMGEBUNG Nördlich von Launceston beginnt die zauberhafte Obst- und Weinregion des **Tamar Valley** mit exzellenten Kellereien und Top-Restaurants. Zu den populärsten führt der West

Naturnah nächtigt man in der Cradle Mountain Lodge

AKTIVITÄTEN Vom Visitor Centre in Launceston startet der einstündige, geführte **Historic Walk** durch die Stadt.

Derzeit wird an einem **Aquatic Center** gebaut, das mit großen Schwimmbecken ab 2009 zum Freizeitvergnügen beitragen wird.

Eine knapp einstündige Bootsfahrt lässt die zwischen senkrecht aufragenden Felswänden eingezwängte **Cataract Gorge** hautnah erleben (tgl. 9.30–15.30 Uhr ab Royal Park/Home Point Wharf). Alternative für Fitnessbewusste: auf den Pfaden an den Ufern des South Esk River entlangwandern. Übers Wasser führt eine Hängebrücke oder der Sessellift. Die Schlucht ist nur zehn Gehminuten von der Innenstadt entfernt.

Tamar Highway am Westufer des hemmungslos mäandrierenden Tamar River, der knapp 50 km entfernt in die Bass Strait mündet. Seitenwechsel wollen allerdings gut überlegt sein. Denn nur bei Deviot überquert eine Brücke den Fluss. Wer bis **Georgetown** – am östlichen (!) Flussufer – vordringt, taucht noch einmal tief in die Siedlergeschichte Tasmaniens ein.

Einen traumhaften Strand hat die Wineglass Bay im südöstl. gelegenen **Freycinet National Park.**

INFORMATION

Visitor Centre, 12-16 St. John St., Launceston, Tel. 03/63 36 31 33, www.ltvtasmania.com.au

Nicht versäumen!

KULTUR

Koloniales Hobart

Wie Fischer, Kaufleute und Handwerker sich einst eingerichtet haben, zeigen die Häuschen in dem Viertel Battery Point oberhalb des Hafens. Bloß nicht versäumen, in einer der traditionellen Kneipen aus Pioniertagen einzukehren!

Siehe Nr. **01**

ERLEBEN

Rundum geschäftiges Treiben

Die Szenerie aus historischen Lagerhäusern in Hobart scheint wie geschaffen für eine Rast während des Stadtrundgangs: einfach in einem der hübschen Straßencafés am Salamanca Place Platz nehmen und dem Treiben zuschauen.

TOPZIEL Siehe Nr. **01**

ERLEBEN

Pflichtprogramm?

In der Biertrinkernation Australien sollte eine Brauerei-Besichtigung eigentlich dazugehören. Warum also nicht an einer Führung durch die älteste Brauerei des Landes teilnehmen, die Cascade Brewery, wo seit Pioniertagen ordentlich gezapft wird?

Siehe Nr. **01**

AKTIV

Kondition ist gefragt

In dem gut besuchten Naturschutzgebiet Cradle Mountain – Lake St. Clair National Park gipfelt Tasmaniens Bergwelt im Mt. Ossa. Wanderpfade führen hoch hinauf und ermöglichen herrliche Blicke in die Landschaft.

TOPZIEL Siehe Nr. **04**

NATUR

Wein aus idyllischer Lage

Selbst im kühl gemäßigten Klima Tasmaniens gedeiht exquisiter Wein. Die Kellereien im Flusstal des Tamar River unweit von Launceston, der zweitältesten Stadt der Insel, gehören zu den ersten Adressen.

Siehe Nr. **05**

Sonnig und immer gut drauf

Als selbst ernannter Festival State kann South Australia nicht anders, als seine Besucher das ganze Jahr über bei Laune zu halten. Gastfreundliche Gastronomie mit köstlichen Speisen und hervorragenden Weinen verwöhnt vor allem in und um Adelaide. Aber auch weiter draußen, in den dürstenden Siedlungen des staubtrockenen Outback, wird feste und laut gefeiert. Auf Kangaroo Island dagegen mahnt die einzigartige Naturschönheit zu andächtiger Stille.

Bizarr ist die Gestalt der Felsen im Flinders Chase National Park auf Kangaroo Island

Das leicht hügelige Barossa Valley ist ein beliebtes Ausflugsziel der Städter.

01

02

„Diese Farbe – wie dickflüssiges Stierblut. Das ist nur in der Sonne Südaustraliens möglich."

Albert di Palma, Winzer

Eine gewisse Theatralik spielt mit, wenn Albert di Palma eine Kostprobe seines zwei Jahre alten Roten kredenzt. Albert stammt aus Argentinien. Ein Mann wie ein Baum, unter spitzbübisch dreinblickenden Augen ein wild wuchernder Vollbart. Ihm und seiner australischen Frau Dianne gehört das kleine Weingut Villa Tinto, mitten in der ländlichen Idylle des Barossa gelegen. Albert macht den Wein, wie er es von zu Hause kennt. Am liebsten Rote von aromatischer Würze, im Abgang etwas ruppig. Villa Tinto ist so etwas wie ein Exot im Barossa, wo der Weinanbau eindeutig deutsche Wurzeln hat. 1847 soll hier ein aus Schlesien eingewanderter Johann Gramp die ersten Reben angepflanzt haben. Ihn hatte ein Exodus von preußischen Religionsflüchtlingen – allesamt strenggläubige Lutheraner – nach Südaustralien gebracht. Die „Deutschen" schufen sich in der fruchtbaren Wildnis nördlich von Adelaide schnell eine neue Heimat, mit spitzgiebeligen Häusern und aufragenden Kirchtürmen in ganz akkurat angelegten Dörfern: Bethanien heißt heute Bethany, Langmeil wurde in Tanunda umbenannt – deutsche Namen waren während der Weltkriege auf dem Kontinent verpönt. Die wohl prominenteste Wein-Dynastie im Barossa hat Joseph Seppelt begründet: Eine von stolzen Dattelpalmen gesäumte Allee führt heute zum Weingut Seppeltsfield, wo dicke Backsteinmauern sehr teure Tropfen bewahren. Das tempelartige Mausoleum nebenan befremdet, fällt aber prompt ins Auge und mahnt somit erfolgreich, der Pionierleistung der Vorfahren zu gedenken.

Adelaide – und reif für die Insel

Im Zentrum der Bundeshauptstadt wird auf der buntscheckigen Rundle Mall eingekauft, an der North Terrace anspruchsvolle Kultur konsumiert, am Victoria Square die nostalgische Straßenbahn zum populären Strandbad Glenelg bestiegen und vielerorts verdammt gut gegessen. Und nicht zuletzt wird in den in Down Under berüchtigten „Friday Nights" in Biergärten und Bars bis in den frühen Morgen gefeiert. Andreas findet es hier ebenso „hipp" wie „cool". Der 20-Jährige aus Hamburg wollte nach dem Abitur ganz weit weg. Eine zwischenzeitliche Liebschaft mit einer australischen Rucksackreisenden sollte ihn nach Adelaide treiben. „Und das ist gut so, die Leute hier sind allesamt relaxt, das Wetter ist super und die Strände sind erstklassig." Andy jobbt tagsüber in einem Schnellimbiss, am Wochenende kellnert er zusätzlich abends in einem der angesagten Restaurants auf der Gouger Street. Er gehört zu den zahllosen jungen Menschen aus Euro-

01 *Weinreben ziehen sich durch das Barossa Valley*
02 *Imposantes Weingut im Barossa Valley*
03 *Weine voller Charakter, rot wie weiß*
04 *Albert di Palma baut auf seinem Weingut gehaltvolle Rote aus*

01

02

03

04

pa, für die Australien derzeit die Top-Destination ist. „Work and travel" – „arbeiten und reisen" lautet das Zauberwort für Langzeitaufenthalte trotz knappem Reisebudget. Kommendes Wochenende will er mit Freunden rüberhüpfen nach Kangaroo Island.

Das viel gerühmte Naturparadies vor der Küste Adelaides hält allemal zwei Tage auf Trab. In dem seit ca. 10 000 Jahren vom Festland isolierten Lebensraum haben sich Tier- und Pflanzenarten entwickelt, die sonst nirgendwo mehr vorkommen – so ein großer schwarzer Kakadu mit knallroten Schwanzfedern („glossy black") oder das graue Tamar-Känguru. In der Sommerhitze Ende 2007 haben verheerende Feuer den ausgedehnten Wäldern auf der drittgrößten Insel Australiens arg zugesetzt. Doch Andy hat sich schlau gemacht, ein Ausflug dorthin würde wieder lohnen.

Nichts für Riemchensandalen

In der mediterran anmutenden Hauptstadt Adelaide deutet nichts darauf hin, dass der umgebende Bundesstaat der trockenste Australiens ist. Auch die dicht bewaldeten Mount Lofty Ranges im Osten oder die fruchtbaren Weingärten des Barossa zeugen eher von Regen satt denn von Wüstenklima. Nur wer viel weiter nordwestlich in die steinigen Einöden vordringt, lernt das aufgeheizte Outback kennen. In Port Augusta beginnt der 2735 km lange Stuart Highway (siehe S. 60 ff.). Für die Wahnsinnsroute bis hinauf nach Darwin kam nur der Landforscher John McDouall Stuart als Namensgeber in Frage, der 1862 die Durchquerung von Süden nach Norden vollendete.

Salzseen in wasserloser Wildnis

Der Engländer Edward John Eyre machte sich bereits 1840 auf, um von Adelaide einen Weg nach Westen zu finden. Gemeinsam mit seinem Aborigine-Gefährten Wylie schaffte er es immerhin ein ganzes Stück bis ins heutige Western Australia hi-

01 *Glenelg ist nur die Kulisse für das große Glück*
02 *South Australian Museum in Adelaide*
03 *Strandleben unter Aufsicht in Glenelg*
04 *Skyline Adelaides vom Torrens River aus*

01

02

03

Beutelbären unter Beschuss

Australiens kuscheligstes Maskottchen ist nicht mehr vom Aussterben bedroht: Insbesondere auf Kangaroo Island leben inzwischen an die 30 000 Koalas – mehr, als der Natur dort guttut. Die Beutelbären – die keine Bären, sondern Beuteltiere sind – drohen die Insel kahl zu fressen.

Ohne Zweifel: das Vorbild der Teddybären

Schnelles Handeln tut not. Engagierte Tierfreunde müssen jetzt umdenken. Aber keine Bange, den Koalas droht kein Todeskommando – zumindest vorerst nicht! Mit Pfeilen wird den Tieren hoch oben in den Baumwipfeln lediglich ein hormonelles Verhütungsmittel injiziert, das die Weibchen zwei Jahre lang unfruchtbar machen soll. Ähnliche Experimente der Zoologen, bei denen Hormonimplantate unter das Fell verpflanzt wurden, verliefen allesamt erfolgreich. Ganz im Gegensatz zu kostspieligen Versuchen, die Koalas zu sterilisieren oder gar umzusiedeln.

Mit Frühlingsbeginn kündigen laute, bellende Rufe des Koala-Männchens seine Paarungsbereitschaft an. Aber es kann noch Monate dauern, bis das rüde Werben vom Weibchen angenommen wird. Der Paarungsakt selbst geht dann einher mit Beißen und Kratzen – keine Spur von liebevollem Liebesleben. Bereits 35 Tage später kommt das Junge zur Welt, gerade mal 2 Zentimeter groß und 500 Gramm schwer – dennoch kräftig genug, in den Beutel und an die Zitze der Mutter zu krabbeln. Wenn dem kleinen Koala vorsichtig die ersten Eukalyptusblätter schmecken, ist er etwa 30 Wochen alt. Das ausgewachsene Tier verschlingt gut ein Kilogramm pro Tag.

Einerseits sorgen sich Zoologen wegen der Überpopulation, andererseits präsentierten australische Biologen 2006 erstmals acht Retorten-Koalas. Bei der künstlichen Befruchtung war das Sperma länger haltbar gemacht worden, um es zu Zuchtzwecken selbst nach Übersee verschicken zu können. Den Wissenschaftlern ging es nach eigenem Bekunden nicht um Arterhaltung, sondern um die „Sicherung der genetischen Vielfalt". Dem Teddybär kann das egal sein, ihm stand der Koala schon vor über 100 Jahren Modell.

Typisches Hinweisschild auf Kangaroo Island

nein. Was bedeutet, dass die beiden die schier endlose Wüstenei der Nullarbor Plain (aus dem Lateinischen: „kein Baum") lebend hinter sich gebracht hatten. Die außerordentliche Leistung findet in australischen Landkarten mehrfach Würdigung.

So führt der Eyre Highway weit hinein nach Western Australia. Lake Eyre heißt der größte, meist ausgetrocknete Salzsee. Mit 17 Metern unter Meeresniveau befindet sich hier die tiefste Stelle auf dem Kontinent. Dieses Bassin war im 20. Jahrhundert nur drei Mal komplett als See gefüllt. Die Eyre Peninsula hingegen ist mit freundlichen Fischerhäfen, ländlichen Ortschaften, Weizenfeldern, Weideflächen und weltweit gerühmten Surfstränden letzter Außenposten der Zivilisation, bevor im Westen die menschenleere Nullarbor Plain beginnt. „Wer unterwegs nach Perth ist, sollte hier noch einmal Halt machen, um zu tanken und sich mit Vorräten, vor allem mit ausreichend Trinkwasser einzudecken." Der geschäftstüchtige Besitzer des Cactus Café in Ceduna hält allerhand in Zellophan eingewickelte Snacks für die kurze Rast der Durchreisenden parat. In dem 3500-Einwohner-Flecken treffen Eyre und Flinders Highway aufeinander.

Schroffe Felsberge, bunte Blütenpracht

Die Kleinstadt Port Augusta profitiert nicht nur vom Knotenpunkt transaustralischer Highways – hier treffen Stuart, Lincoln und Eyre Highway aufeinander –, sondern auch als Tor zu den Flinders Ranges. Den eindrucksvollen Teil des schroffen Berglands schützt ein Nationalpark. Dort hinein rollt man erst ganz kommod auf asphaltierter Straße. Zumindest bis Wilpena, der touristischen Anlaufstelle für alle Besucher. Auf die Schotterpisten dahinter sollten nur Allradfahrer, auf die schmalen Pfade nur Wanderer. Die fühlen sich prompt magisch angezogen vom Wilpena Pound, dem Naturamphitheater, das nur durch eine Felsschlucht zugänglich ist.

01 *Lebensraum für Seelöwen: …*
02 *… die Seal Bay auf Kangaroo Island*
03 *Remarkable Rocks auf Kangaroo Island*

Simpson Desert
Lake Eyre Basin
GREAT VICTORIA DESERT
South Australia
Nullarbor Plain
Great Australian Bight
Maralinga-Tjarutja Aboriginal Lands
Pitjantjatjara Aboriginal Land
Musgrave Ranges
Mann Ranges
Stuart Ranges
Gawler Ranges
Flinders Ranges
Mount Lofty Ranges
Eyre Peninsula
Yorke Peninsula
Spencer Gulf
Gulf St. Vincent
Investigator Strait
Kangaroo I.
Lake Eyre North
Lake Eyre South
Lake Torrens
Lake Frome
Lake Gairdner
Woomera Prohibited Area
Uluru-Kata Tjuta Nat. P.
Uluru
Ayers Rock
Kata Tjuta
Yulara
Mt. Olga
Erldunda
Kulgera
Marla
Coober Pedy
Oodnadatta
William Creek
Marree
Leigh Creek
Woomera
Pimba
Glendambo
Tarcoola
Ceduna
Penong
Eucla Motels
Nullarbor Roadhouse
Yalata
Streaky Bay
Port Augusta
Whyalla
Port Pirie
Port Lincoln
Cleve
Kimba
Wudinna
Port Germein
Peterborough
Burra
Clare
Port Wakefield
Gawler
ADELAIDE
Port Adelaide
Murray Bridge
Victor Harbor
Kingscote
Renmark
Berri
Loxton
Waikerie
Morgan
Meningie
Kingston S.E.
Robe
Naracoorte
Penola
Millicent
Mount Gambier
Port MacDonnell
Birdsville
Innamincka
Moomba
Roxby Downs
Olympic Dam
Andamooka
Hawker
Wilpena
Oodla Wirra
Nuyts Archipelago
Sir Joseph Banks Group
Coffin Bay Nat. P.
Lincoln Nat. P.
Flinders Chase Nat. P.
Coorong Nat. P.
Younghusband Peninsula
Fleurieu Pen.
+8h Gr.Time
+9h30 Gr.Time
+10h Gr.Time
01
02
03
04
05
06

Inselparadies inklusive

Adelaide und die ebenso waldreiche wie weinselige Umgebung können den Reisenden sehr lange festhalten. Auch die Abenteuer verheißenden Trockengebiete im Norden lassen nicht so bald los, zumal die enormen Distanzen so manchen Reisetag verschlingen. Nicht zu vergessen die mit wunderschönen Stränden gesegnete, dennoch dünn besiedelte Eyre Peninsula. Wirklich schade, wenn keine Zeit mehr für den Hüpfer zum Naturparadies von Kangaroo Island bliebe.

01 ADELAIDE

Die Hauptstadt des Bundesstaates South Australia schüchtert Besucher nicht als vibrierende Metropole ein. Vielmehr macht entspannt südländisches Flair schnell vertraut mit der überschaubaren City und ihren rechtwinklig angelegten Straßen. Freie Siedler haben im ersten Drittel des 19. Jh.s den Grundstein gelegt – keine Sträflinge, wie es zu jener Zeit auf dem Kontinent Usus war. Auf diese Feststellung legt Adelaide bis heute Wert und erinnert stolz an Colonel William Light, der die Stadt damals mit breiten Boulevards und großzügigen Grünanlagen zukunftsweisend geplant hat. Was er nicht ahnen konnte: Adelaide gedieh in den letzten Jahren zum anerkannten Feinschmecker-Treff mit respektablen Restaurants, die super Weine aus nächster Umgebung kredenzen.

SEHENSWERT Vom **Montefiore Hill** nördlich des Torrens Lake aus hat William Light angeblich den Grundriss für Adelaide erdacht. Deshalb wurde der auch heute lohnende Aussichtspunkt unweit der City als **Light Vision** bezeichnet und mit einer Statue des Stadtgründers versehen. Über die in der Region beheimateten Kaurna-Aborigines erfährt man eine ganze Menge im **National Aboriginal Cultural Institute, Tandanya** genannt (253 Grenfell St., tgl. 10.00–17.00 Uhr, www.tandanya.com.au). Im Nordwesten der City (14 km vom Zentrum) entführt **Port Adelaide** in die kolonialen Anfänge der Stadt, als es noch rau zuging in dem Hafenviertel und Segelschiffe nach monatelanger Odyssee ausgemergelte Immigranten aus Europa an Land entließen. Ein Spaziergang durch die engen Straßen dort zeigt heute ansehnlich restaurierte Fassaden und einen stattlichen **Leuchtturm** von 1868, den sonntags ein gut besuchter Flohmarkt umgibt.

MUSEEN Geradlinig führt der westliche Abschnitt der North Terrace zu Kultur und Historie: Im **South Australian Museum** beeindrucken naturkundliche Ausstellungen, allen voran die Aboriginal Cultures Gallery (tgl. 10.00–17.00 Uhr). Nebenan demonstriert die **Art Gallery of South Australia** selbstbewusst bildende Kunst von Down Under (tgl. 10.00–17.00 Uhr). Und das **Migration Museum** hinter dem South Australian Museum erinnert eindrucksvoll an die zahllosen Einwanderer, die Abenteuer auf hoher See bestehen mussten, um endlich australischen Boden betreten zu können (tgl. ab 10.00/13.00 Uhr).
Der abenteuerlichen Seefahrtsgeschichte widmet sich in Port Adelaide auf führende Weise das **South Australian Maritime Museum** (126 Lipson St., tgl. 10.00–17.00 Uhr).

Tipp

Raddampfer-Romantik

Die „Murray Princess" ist Australiens größter Paddlewheeler, eine stattliche Replik, die den Pioniertagen auf dem Fluss huldigt, ohne auf modernen Komfort zu verzichten. Nicht nur Romantiker kommen bei einer Kreuzfahrt auf ihre Kosten, auch Naturfreunde, die durch faszinierende Landschaften gleiten und von der Reling aus jede Menge Tiere zu sehen bekommen: Kängurus, vielleicht Goannas (Warane) – urzeitlich anmutende Riesenechsen – und Vögel – von ihnen sind über 350 Arten am Murray River heimisch. Für Abwechslung sorgen interessante Landausflüge, u. a. zur Ngaut Ngaut Aboriginal Reserve mit eindrucksvollen Zeugnissen der alten Kultur.
Kreuzfahrten ab Mannum, rd. 25 km nördl. von Murray Bridge, mit 3, 4 oder 7 Übernachtungen (Transfer nach Adelaide möglich), ab 660 A$. Captain Cook Cruises, Tel. 02/92 06 11 00, 1800 80 48 43, www.captaincook.com.au

HOTELS €€€/€€ **North Adelaide Heritage Group,** Tel. 08/82 72 13 55, www.adelaideheritage.com. Wer nostalgische Unterkünfte bevorzugt, findet hier über ein Dutzend liebevoll restaurierter Gästehäuser in Adelaide und Umgebung. Mit dabei eine alte Kapelle, ein Feuerwehrhaus aus dem Jahre 1866 und das urgemütliche Paprika Cottage.
€€ **Majestic Roof Garden,** 55 Frome St., Tel. 08/81 00 44 00, www.majestichotels.com.au. Dezent designte Eleganz mit geräumigen Erker-Zimmern und einem erhabenen Dachgarten oberhalb der lebhaften Rundle Street. Sehr gutes Preis-Leistungs-Verhältnis. 120 Zi.

RESTAURANTS €€€/€€ **Àuge,** 22 Grote St., Tel. 08/84 10 93 32. Di.–Sa. Weder Besitzer noch Küchenchef stammen aus Italien, dennoch schmecken Pasta, Pesto und Polenta nirgendwo in der Stadt typischer. Während der kühleren Wintermonate konzentriert sich die mediterrane Küche auf herzhafte Fleischgerichte wie Osso Buco und Kaninchen.
€€/€ **Cibo,** 218 Rundle St. (Ecke Frome St.), Tel. 08/82 32 91 99. Spitzen-Baristas brühen in dem kleinen Café richtig auf: italienische Kaffee-Spezialitäten aus eigener Röstung, dazu delikat gefüllte Paninis, Sandwiches und handliche Küchlein, die jedes süße Herz höher schlagen lassen.
€€/€ **Esca,** 15 Marina Pier, Holdfast Shores, Tel. 08/83 76 69 33. Feine italienische Küche am Yachthafen des Stadtteils Glenelg.

AUSFLÜGE Freizeit-Atmosphäre verheißen sowohl **Glenelg** (10 km südwestl.) als auch **Semaphore** (15 km nordwestl.). Beide Stadtteile Adelaides sind von paradiesischen Sandstränden gesäumt und an sonnigen Wochenenden von Ausflüglern bevölkert. Während Semaphore noch vom verblichenen Glanz als traditionelles Seebad zehrt, hat sich Glenelg zum mondänen Badeort mit glasverbrämten Apartmentanlagen und schick gestylten Lokalen am Yachthafen gemausert.
Ca. 80 km südlich bietet **Victor Harbor** auf der Fleurieu Peninsula (s. u.) tierische Erlebnisse: Eine Kolonie von Zwergpinguinen (Führungen in der Dämmerung), Wale, die zwischen Juni und September vor der Küste auftauchen, sowie im Below Decks Shark Aquarium (tgl. 11.00–17.00 Uhr) Haie und Mantarochen.

UMGEBUNG Die ersten Siedler zogen im Winter von der Küste hinauf in die östlich von Adelaide ansteigenden Hügel, weil der dichte Baumbestand dort genug Feuerholz hergab. Noch heute sind die **Adelaide Hills,** nur eine halbe Stunde Fahrt von der City entfernt, von Wald bedeckt. An heißen Sommertagen genießen die Städter die erfrischende, kühlere Höhenluft. Naturfreunde kommen wegen der Spazierwege unter dem Schatten spendenden Grün des

Mount Lofty Botanic Garden oder wegen der Tiere in den Gehegen des benachbarten **Cleland Wildlife Park** (Summit Road, Cleland, tgl. 9.30 bis 17.00 Uhr). Kaum einer, der nicht zu Fuß – oder mit dem Auto auf kurviger Straße – zum **Mount Lofty Summit** vorstößt, um sich auf 727 m Höhe an herrlichen Blicken über Adelaide zu erfreuen. Unten im Tal vermarktet **Hahndorf** (ca. 20 km südöstl.) hemmungslos seine deutschstämmige Vergangenheit und gaukelt Besuchern mit bayerischer Hausmannskost und bierseliger Stimmung typische Gemütlichkeit vor. Dabei hat die Geschichte des Dorfes viel Interessantes zu bieten. Die im Visitor Centre (41 Main St.) erhältliche Broschüre „Historical Hahndorf Walk" begleitet bei der Spurensuche.

Im Süden von Adelaide ragt die **Fleurieu Peninsula** in den Ozean vor. Eine ruhige, ländlich geprägte Region mit grünen Hügeln und behaglichen Dörfern. Rund um die Ortschaft **McLaren Vale** (ca. 35 km südl.) erstreckt sich das älteste Weinanbaugebiet Australiens. Geschützte Badestrände findet man vor allem an der Westseite beim **Aldinga Beach.** Das populärste Seebad ist allerdings **Goolwa** im Südosten, von wo Bootsausflüge über den Lake Alexandrina und weiter den Murray River hinaufführen.

Tipp

Mit der Tram zum Baden

Im ganzen Bundesstaat South Australia gibt es nur noch eine einzige Straßenbahnlinie: Die Tram verkehrt täglich zwischen der Innenstadt von Adelaide und dem freizeitlich gestimmten Seebad Glenelg – ein halbe Stunde Schienenfahrt vom Victoria Square hinaus zur lebhaften Jetty Road, bequemer kann man eigentlich nicht zum populärsten Strand der Stadt gelangen. Immer an sonnigen Wochenenden wird es eng in der Bahn mit ihren modern ausgestatteten, klimatisierten Fahrgasträumen. Mit ein bisschen Glück erwischt man eine der dunkelroten historischen Trams, die altmodisch, aber stilvoll über die Schienen schaukeln *(tgl. 8.00–17.00 Uhr, alle 15 Min., Auskünfte beim Adelaide Metro Info-Centre, Ecke King William/Currie St. oder telefonisch per InfoLine: 82 10 10 00, www.adelaidemetro.com.au).*

INFORMATION

South Australian Visitor & Travel Centre, 18 King William St., Adelaide, Tel. 08/83 03 20 33 od. 1300 65 52 76, www.southaustralia.com; Port Adelaide Visitor Centre Ecke Commercial Rd./Saint Vincent St., Tel. 08/84 05 65 60 (Broschüre „Walk The Port")

02 KANGAROO ISLAND

Die drittgrößte Insel Australiens beschert Natur pur. Auf Kangaroo Island ist die Wildnis noch weitgehend intakt. Damit das so bleibt, steht derzeit ein Drittel der Fläche unter Schutz. Per Autofähre von Cape Jervis/Fleurieu Peninsula aus erreicht man **Kangaroo Island** **TOPZIEL**, das dem grauen Tamar-Känguru seinen Namen verdankt. Sie legt in **Penneshaw** an (tgl., Sealink, Reservierung: Tel. 13 13 01, www.sealink.com.au). Von Adelaide aus werden schnelle Flüge (Rex Regional Express, www.rex.com.au, oder Air South, www.airsouth.com.au) und anstrengende Tagestouren mit dem Bus (Sealink) angeboten.

SEHENSWERT Im **Cape Gantheaume Conservation Park** im Süden kann man Schwärme von Vögeln an der Murray's Lagoon beobachten, im **Seal Bay Conservation Park** nebenan führen Ranger an einer großen Seelöwen-Kolonie auf dem Strand vorbei (tgl. 9.00–16.00, im Sommer bis 19.00 Uhr), im weitläufigen **Flinders Chase National Park** am Westrand der Insel gibt es neben zahlreichen Kängurus und anderen Tieren eine zu grotesken Formen, wie dem Admiral's Arch, erodierte Kalkstein-Küste zu sehen. Zentrum der touristischen Infrastruktur mit Unterkünften und Veranstaltern von Touren über die Insel ist **Kingscote.**

INFORMATION

Kangaroo Island Gateway Visitor Information Centre, Howard Drive, Penneshaw SA 5222, Tel. 08/85 53 11 85, www.tourkangarooisland.com.au

03 BAROSSA VALLEY

Etwa 50 km nördlich von Adelaide beginnen die leicht hügeligen Rebenfelder des Barossa Valley, an Wochenenden ein beliebtes Ausflugsziel der Städter.

SEHENSWERT Als zentraler Ausgangspunkt für Weinproben bietet sich **Tanunda** an. Die erkennbar deutsch-dörfliche Idylle macht nicht nur Appetit auf Apfelstrudel oder Sauerkraut in gemütlichen Gasthäusern, sondern ermuntert auch zu historischer Spurensuche auf dem alten Friedhof oder dem Ziegenmarkt (Goat Square).

ERLEBEN Rund 400 **Winzer** gibt es inzwischen im Tal, besuchen sollte man: Wolf Blass Wines, auch wegen des informativen Weinmuseums (Sturt Hwy, Nuriootpa, www.wolfblass.com.au); die einem imposanten Herrensitz ähnelnden Gemäuer der Seppelt Winery westlich von Nuriootpa (Seppeltsfield Rd., Seppeltsfield, www.seppelt.com.au); und in Tanunda Peter Lehmann Wines (Para Rd., www.peterlehmannwines.com), weil einige Tropfen außerordentlich edel sind, Bethany Wines (Bethany Rd., www.bethany.com.au) und Vino Tinto (Krondorf Rd., www.villatinto.com.au), weil die Roten so temperamentvoll argentinisch runtergehen. Das Visitor Centre bucht geführte Weinproben, bei denen sich Weine ohne Reue verkosten lassen.

VERANSTALTUNG An die 25 örtlichen Kellereien beteiligen sich alljährlich am **Barossa Gourmet Weekend** im August in und um Tanunda. Hier gibt es allerhand zu verkosten.

INFORMATION

Barossa Wine & Visitor Centre, 66-68 Murray St., Tanunda, Tel. 08/85 63 06 00

04 PORT AUGUSTA

Die Kleinstadt ebnet den Weg zu touristisch relevanten, aber entlegenen Wildnis-Regionen: der Eyre Peninsula im Westen und den Flinders Ranges im Norden. Zunächst enttäuscht sie als Industriestandort, versöhnt dann aber mit ihrem hübschen historischen Zentrum und der neu gestalteten Waterfront. Der geschützte Naturhafen war Mitte des 19. Jh.s Anlass der Ansiedlung. Dann kam der Eisenbahnanschluss und Port Augusta war von der Landkarte nicht mehr wegzudenken. Heute halten am Bahnhof sowohl der Ghan als auch der zwischen Sydney und Perth verkehrende Indian Pacific.

SEHENSWERT Im **Wadlata Outback Centre** im Norden der Stadt bekommen Durchreisende auf dem Weg ins abweisende Hinterland einen unzweifelhaften Eindruck von dem, was sie erwartet. So mancher bis dato ahnungslose Tourist kehrt hier lieber um, zum Glück. Aber auch wer in

Port Augusta kehrtmacht, gewinnt anhand der Ausstellung eine Ahnung von den Gefahren wie auch von der Faszination, die vom Outback ausgehen. Auf 20 ha demonstriert der **Australian Arid Lands Botanic Garden,** wie viele Pflanzenarten in den verschiedenen Trockenzonen überleben können. Ein Spaziergang durch den Wildnis-Garten im Norden der Stadt lässt auf die in der Ferne aufragenden Flinders Ranges blicken (Stuart Hwy., tgl. 7.00 Uhr bis Sonnenuntergang).

HOTEL €€/€ **Oasis Apartments,** Marryatt St., Tel. 08/86 48 90 00, www.majestichotels.com.au. Der futuristisch anmutende Komplex mit Apartments für Selbstversorger ist Teil der neu gestalteten Esplanade an der Wharf. Bessere Ausblicke bieten die etwas teureren Zimmer in der oberen Etage. 75 Apartments.

INFORMATION
Visitor Centre (angeschlossen an das Wadlata Outback Centre), 41 Flinders Tce., Port Augusta. www.wadlata.sa.gov.au

05 FLINDERS RANGES NATIONAL PARK

Wer im Frühling den Nationalpark besucht, erlebt eine wahre Farborgie aus üppig erblühten Wildblumen inmitten von rotem Granit und schwarzem Basalt der uralten Bergregion. Aber auch die einzigartige Landschaft ist die 160 km lange Anreise von Port Augusta wert.

SEHENSWERT Der enorme Felskessel des **Wilpena Pound** ist nur durch eine enge Schlucht erreichbar. Weiter nach Norden haben Geländewagen eindeutig Vorfahrt. Zu Fuß ist der 3 km lange Weg hinauf zum **Wangara Hill Lookout** zu empfehlen. Wer topfit ist, schafft die Tageswanderung um das natürliche Amphitheater steil aufwärts zum knapp 1200 m hohen **St. Mary's Peak.**

UNTERKUNFT Alle Wege führen zum €€ **Wilpena Pound Resort.** Nahe dem Felskessel gelegen, ist es mit Zimmern und Campingplatz eine Art kommodes Basislager zur weiteren Erkundung des Parks (Tel. 08/86 48 00 04 oder 1800 80 58 02, www.wilpenapound.com.au).

INFORMATION
Wilpena Pound Visitor Centre, Flinders Ranges National Park, Tel. 08/86 48 00 48 (auch Verkauf der „permits" für den Einlass in den Nationalpark)

06 EYRE PENINSULA

Schöne Strände und kahle Klippen rahmen die spitz zulaufende Halbinsel ein.

SEHENSWERT Wer frische Austern mag, muss in die **Coffin Bay,** wo die Schalentiere im warmen und ruhigen Wasser gezüchtet werden. Das Dutzend gibt es für ca. 6 Dollar auf die Hand. Die **Baird Bay** lädt zum Verweilen, kann man doch hier mit Seelöwen und Delfinen schwimmen (außer Juni bis Aug., Baird Bay Charters & Ocean Eco Tours, Tel. 08/86 26 50 17, www.bairdbay. com). **Ceduna,** mit Tankstelle, Einzelhandel und Gastronomie, ist der letzte Außenposten vor der Durchquerung der Nullarbor Plain.

AKTIVITÄT Surfer zieht es an den **Back Beach,** 4 km westlich der **Streaky Bay,** oder an den **Cactus Beach,** unweit der Grenze zu Western Australia.

CAMPING Durchreisende übernachten gut auf dem **Ceduna Foreshore Caravan Park** (25 Poynton St., Ceduna, www.cedunaforeshorecaravanpark.com.au) und werden preiswert satt im Cactus Café in **Ceduna** (52 Poynton St.).

INFORMATION
siehe Port Augusta

Der Flinders Chase National Park erstreckt sich im Westen von Kangaroo Island

Nicht versäumen!

KULTUR

Zeuge rauer Zeiten
Ein Spaziergang durch das historische Hafenviertel von Port Adelaide führt die kolonialen Anfänge der Stadt vor Augen. Sonntags wird hier ein Flohmarkt veranstaltet und so ist in den engen Gassen gleich mehr los als unter der Woche.

Siehe Nr. 01

NATUR

Namensgeber: Känguru
Geschützte Natur pur auf Kangaroo Island. Eine Art Arche Noah, auf der Pflanzen und Tiere sich isoliert vom Festland entwickeln konnten. Allen voran das graue Tamar-Känguru, das sonst nirgends in Australien vorkommt.

TOPZIEL Siehe Nr. 02

ERLEBEN

Guten Appetit und zum Wohlsein!
Besuch im Barossa Valley: Ein Muss für alle Weinfreunde und jene, denen auch mal wieder nach Apfelstrudel, Bienenstich, Würstchen und Sauerkraut ist. Riesling und auch südamerikanisch gekelterte Rote laden zum Verkosten.

Siehe Nr. 03

NATUR

Voller Respekt
Keine Angst, vielmehr Respekt vor dem wilden Naturraum des Outback macht die spannend arrangierte Ausstellung im Outback Centre in Port Augusta. Die meisten der Besucher fahren anschließend los, weil gut ausgerüstet.

Siehe Nr. 04

NATURN

Wildblumen vor Granit und Basalt
Das natürliche Amphitheater in der felsigen Wüste der Flinders Ranges hat enorme Ausmaße. Auch tolle Aussichtspunkte, wenn man die Höhen drum herum zu Fuß erklimmt. In ein Farbmeer ist die Landschaft im Frühjahr getaucht.

Siehe Nr. 05

Lehrer der Lüfte – School of the Air

Als stellvertretender Leiter der School of the Air in Alice Springs macht William Newman Unterricht für Kinder im Outback, die isoliert auf den Stations leben. So heißen die Viehzuchtbetriebe weit draußen.

Interview: Bruni Gebauer und Stefan Huy

Wie sieht der Berufsalltag des Schullehrers aus? Was unterscheidet ihn von Lehrern einer ganz normalen Schule? William Newman vertreibt die Fliegen im Gesicht mit routinierten Handbewegungen. Die meiste Zeit seines Lebens hat der 48-Jährige im Herzen des Kontinents verbracht. Als junger Mann verließ er seinen Geburtsort in den Snowy Mountains – eine idyllische Gegend unweit der Quelle des Murray River – und zog vom Bundesstaat Victoria ins Northern Territory: vom grünen Bergland in die staubige Wüste. Abenteuerlust, der Wunsch, sich einer Herausforderung zu stellen, trieb ihn nach dem Studium ins Outback. Eigentlich wollte William nur ein paar Monate in Alice Springs bleiben. Doch die Stadt mitten im Nichts sollte ihn nicht mehr loslassen.

AN DIE LEHRER DER SCHOOL OF THE AIR WERDEN HOHE ANSPRÜCHE GESTELLT

Muss man für ein Leben im Outback geschaffen sein? Irgendwie schon. Zumindest sollte man nicht auf Karriere und Reichtum aus sein. Bei uns gelten andere Werte: Freundschaft und Hilfsbereitschaft zum Beispiel, der Zusammenhalt, wenn jemand in Not ist. Soziale Kontakte werden umso wichtiger, je isolierter man lebt. Meist geht es hier beschaulich zu. Wem das zu eintönig ist, der ist hier falsch. Selbst während der Ferien bleibe ich heute lieber in Alice Springs. An die dicht besiedelte Ostküste mit all ihrer Enge, Hektik und Anonymität reise ich nur noch, um Verwandte zu besuchen.

Hier gelten andere Werte – Freundschaft und Hilfsbereitschaft.

Wie erklären Sie einem Fremden in fünf Punkten, was die Faszination des Outback ausmacht? Zunächst ist es die Abgeschiedenheit. Touristen, die für zwei, drei Tage rein- und dann wieder rausfliegen, bekommen sie kaum zu spüren. Zweitens: die unkonventionelle und entspannte Lebensart, die fällt auch Fremden gleich auf. Drittens: die Einzigartigkeit der Region, kein Platz auf der ganzen Welt ist vergleichbar. Viertens: die Kontraste in dem Lebensraum, vor allem in kultureller Hinsicht, wenn man bedenkt, wie präsent die Ureinwohner hier sind. Und fünftens: die Schönheit der Natur – allein der Anblick des nächtlichen Sternenhimmels, der zum Greifen nah scheint, wirft mich jedes Mal um.

GRAFFITI AN EINER WAND IN DER SCHOOL OF THE AIR

Heute erfolgt der Unterricht der School of the Air überwiegend via Internet. Das alte Funkradio hat ausgedient. Kommt da schon mal Wehmut auf? Jede Zeit hat ihre Vorzüge. Und ich weiß noch, wie dankbar wir waren, unsere Schüler draußen auf den entfernten Stations – die größte Distanz beträgt heute 1100 Kilometer – per Funk direkt ansprechen zu können. Das hat lange Zeit wunderbar funktioniert. Aber neue Technologien verlangen eben nach anderen Lehrmethoden. Das Internet hat der School of the Air eine ganz neue Qualität verliehen: Die Kommunikation zwischen Schüler und Lehrer ist schneller, intensiver und damit effizienter. Es gibt bei uns neun verschiedene Unterrichtsklassen: sie reichen von der Vorschule bis zum Abschluss der Grundstufe, das heißt bis zum 12./13. Lebensjahr. In der Regel wird jede Klasse vom Lehrer an drei Tagen in der Woche etwa eine halbe Stunde lang per Internet unterrichtet. Dazu gibt es zehn Minuten Einzelunterricht, einmal pro Woche. Der größte Teil

Empfehlungen

von William Newman

Wenn ich zum Feierabend nette Leute bei einem oder zwei Bier treffen will, gehe ich in **Bo's Saloon** in Alice Springs. Eine Gaststätte mit angenehmer Atmosphäre, in der auch ordentlich gekocht wird. Nach Feierabend – hungrig und ein bisschen müde – schau ich gerne dort rein.

Wenn ich ausgehe zum Essen, dann möchte ich es mit allen Sinnen genießen: Curry und Chili machen mich und meine Geschmacksnerven echt an. **Flavours of India** ist da ganz nach meinem Geschmack – mein Lieblingsrestaurant in Alice Springs.

Wenn ich am Wochenende mal raus möchte aus der Stadt, dann fahre ich meist zum Camping. Gerne in die **Trephina Gorge,** obwohl die schöne Schlucht längst kein Geheimtipp mehr ist.

Wenn ich partout nicht weg will aus Alice Springs, ist das eine oder andere Stadtfest der Grund: zum Beispiel die **Henley on Todd Regatta,** eines der verrücktesten Turniere auf dem Kontintent. Teilnehmer rennen mit Booten ohne Boden durchs trockene Flussbett.

Und wenn ich Urlaub vom Outback machen möchte, lande ich dennoch meist im Outback: am **Uluru (Ayers Rock)** mit seinem mystischen Zauber oder im **Kings Canyon,** der mich jedes Mal aufs Neue fasziniert.

des Lernprogramms wird in Form von Hausaufgaben per E-Mail erledigt, beaufsichtigt von Eltern oder einem speziell dafür bezahlten Tutor. Zurzeit kümmern sich 13 Lehrer um etwa 120 Schüler.

Kann man so seine Schülerinnen und Schüler denn richtig kennenlernen? Natürlich nicht. Deshalb veranstaltet die Schule regelmäßige Treffen, zu denen Schüler und Eltern für vier bis fünf Tage nach Alice Springs kommen. Bei dem immer bunten Programm helfen Fotos den Lehrern, ihre Schüler zu erkennen. Dank Internet funktioniert das heute umgekehrt ebenso. Dabei darf man nicht außer Acht lassen, dass die Lehrer das ganze Jahr über mit ihren Schülern im engen Gespräch sind. Vermutlich mehr, als es im Klassenverband einer normalen Schule möglich ist.

Was macht einen guten Lehrer der School of the Air aus? Ist es schwer, geeignete Bewerber zu finden? Einfach nur ein guter Lehrer sein ist zu wenig. Bewerber müssen die Bereitschaft zum Reisen mitbringen. Besuche der Kinder auf entlegenen Stations gehören zur Arbeit. Das bedeutet: dort über Nacht bleiben, nachdem man Hunderte Kilometer mit dem Geländewagen auf unbefestigten Straßen unterwegs war. Ein weiteres Muss ist der versierte Umgang mit elektronischen Medien. Wir erwarten, dass sich neue Lehrer schnell mit der speziellen Software vertraut machen, egal welche Jahrgänge sie unterrichten. Die School of the Air sucht Lehrer nicht per Anzeige. Das wäre zu aufwendig. Freie Stellen werden von der zuständigen Schulbehörde besetzt. Allerdings haben wir ein Mitspracherecht.

Und was unterscheidet Schüler der School of the Air von ihren Altersgenossen einer gewöhnlichen Schule? Zuerst sind es die Lebensumstände auf den isolierten Stations, die unsere Schüler von anderen unterscheiden: Kontakt zu Gleichaltrigen gibt es kaum, dafür mehr Pflichten und weniger Kindheit, als es die Gesellschaft in dichter besiedelten Regionen zulässt. Unsere Lehrer tun alles Mögliche, um Zusammenarbeit und soziale Kontakte zu fördern. Generell sind unsere Schüler besser erzogen und lernen konzentrierter als die Kinder in anderen Schulen. Aber es ist auch schön zu erleben, dass sie neugierig Kontakt aufnehmen, sobald sie bei den regelmäßigen Treffen in Alice Springs auf Gleichaltrige treffen.
(William Newman lebt in Alice Springs und bezeichnet sich als „single parent", als alleinerziehenden Vater mit vier Kindern im Alter von 9 bis 12 Jahren.)

PER INTERNET SIND DIE KINDER IM OUTBACK MIT DER SCHULE VERBUNDEN

„Besuche der Kinder auf den Stations gehören zur Arbeit. Das heißt Hunderte Kilometer auf unbefestigten Straßen unterwegs zu sein.“

Aborigines, Pioniere, ein Monolith

Wo nackte Felslandschaft unter sengender Sonne betörend errötet, pocht das uralte Herz Australiens: Massiv erhebt sich der Uluru (Ayers Rock) aus der weiten Ebene des Red Centre. Heißer Staub, kaum Wasser und Vegetation – für die Siedler wurde das lebensfeindliche Outback zur andauernden Herausforderung, für die Ureinwohner kreuzen sich hier seit Jahrtausenden die Traumzeit-Pfade.

Ein magischer Moment: der Anblick der Felsen im Uluru-Kata Tjuta National Park nach stundenlanger Fahrt durch das Red Centre

01 *Enge, zerklüftete Schluchten charakterisieren die MacDonnell Ranges*

02 *Als seien sie wie Murmeln hingeworfen: die Devil's Marbles*

03

04

SPECIAL The Ghan

In einem Zug durchs Outback

Nach 126 Jahren Bauzeit, am 2. Februar 2004, hieß es endlich „Bahn frei" für die wohl berühmteste Eisenbahnstrecke Australiens. Seitdem durchquert der Ghan die leere Wildnis im Innern des Kontinents, eine Reise der Superlative zwischen Adelaide und Darwin: über 22 Breitengrade hinweg und durch vier Klimazonen, knapp 3000 km und an die 50 Stunden lang.

Der weitgehend einspurige Schienenstrang verbindet – eine Alternative zum Stuart Highway – die Küsten im Norden und Süden. Früher ein Traum für alle Pioniere, die ihr Leben riskierten, um weiter in die von ungeheurer Hitze gequälte Wüste vorzudringen. Für Kamele ist sie ideales Terrain. Also wurden die Höckertiere im 19. Jahrhundert samt Treibern aus Afghanistan geholt. Daher leitet sich der Name „Ghan" ab. Überwiegend Touristen buchen die Eisenbahnfahrt. Viele im Seniorenalter, weshalb an den Bahnhöfen spezielle Ein- und Ausstiegshilfen gute Dienste tun. Wer in den Red-Kangaroo-Abteilen Platz nimmt, muss im Sitzen schlafen und ist allein deshalb deutlich jünger. Die Komfort-Alternative mit Aufpreis heißt „Gold Kangaroo". Für alle gleich in den auf konstante 23 °C heruntergeklimatisierten Kabinen ist der Ausblick durch die doppelt verglasten Scheiben: Kängurus, die auf roter, eisenoxidhaltiger Erde davonhüpfen, oder vereinzelte Rinder zwischen Büscheln aus hartem Spinifex-Gras – bis ausgedörrte Unendlichkeit unter blauem Himmel stundenlang die Augen anstrengt.

Ein Muss für Eisenbahnfans: Fahrt mit dem Ghan

Die nördlichen Wohnviertel von Port Augusta verschwinden im Rückspiegel, vor der Kühlerhaube flimmert Asphalt in der Mittagshitze, der Bewuchs am Straßenrand wird zusehends spärlicher, dafür die Fliegenschwärme draußen dichter und spürbar lästig: Kein Zweifel, der Stuart Highway dringt unaufhaltsam in das knochentrockene Innere des Kontinents vor. Der Highway folgt dem Verlauf der 1872 gebauten transaustralischen Telegrafenleitung, seit Mitte der 1980er-Jahre immerhin durchgehend asphaltiert. Wer dem Stuart Highway folgt, ist auf Gedeih und Verderb den mehrere Hundert Kilometer auseinanderliegenden Roadhouses ausgeliefert. Doch die weitgehend immer noch aus Wellblech und Brettern zusammengenagelten Rasthäuser funktionieren nicht nur als Treibstoff- und Trinkwasser-Depot, sondern auch als soziale Begegnungsstätte, wo im kühl gehaltenen Gastraum Outback-Bewohner, Trucker und Touristen bei heißem Kaffee, eiskaltem Bier und deftiger australischer Hausmannskost aufeinandertreffen. Nirgendwo sonst kommt man schneller miteinander ins Gespräch.

Eldorado für Glücksritter

Am Stuart Highway liegt so mancher Abenteuerschauplatz. Der bizarrste ist unstrittig Coober Pedy. Die Minen-Siedlung

03 *Das Känguru ist untrennbar mit dem australischen Kontinent verbunden*

04 *Der Stuart Highway verbindet Port Augusta und Darwin*

01

02

03

04

05

schreckt über der Erdoberfläche als heiße Hölle, verheißt aber unterhalb den Himmel auf Erden: Die Region ist prall gefüllt mit Opal-Adern, über 80 Prozent der weltweit geschürften Edelsteine stammen von hier. Ein „place to be" für Haudegen, gescheiterte Schicksale, die stets auf der Jagd nach schnellem Reichtum sind. Trotz sengender Sonne zeigen viele Gesichter fahle Haut, bedingt durch das Leben im Untergrund. Denn selbst Restaurants, Hotels, Kirchen, Museen und viele Wohnungen befinden sich unter der Erde.
Längst folgt niemand mehr dem Lockruf des Goldes nach Tennant Creek, das endlose 1370 km weiter nördlich am Highway kauert. Die blasse Outback-Siedlung erwachte ekstatisch in den 1930er-Jahren als „Heart of Gold" (Herz aus Gold) zu einem kurzen und bisher letzten Goldrausch auf dem Kontinent. Heute werden in den Minen vor allem Kupfer und andere Edelmetalle gefördert. Col Bremner ist erst über 70 und kommt schon allein deshalb nicht als Zeitzeuge in Frage. Doch wenn er Touristen durch die alten Stollen seiner „dot mine" führt und lebhaft von den goldenen Zeiten erzählt, könnte man meinen, er sei tatsächlich dabei gewesen. Col Bremner hat Tennant Creek 1956 kennengelernt, „als die Goldadern ausgebeutet, aber die meisten Gebäude noch immer aus Wellblech waren. „Wasser galt damals als so wertvoll wie Gold", weiß er, „jeder Tropfen musste von weit her in den Ort gekarrt werden."

Und mittendrin sprudelt Wasser

Alice Springs – von den Einheimischen mit dem Kosenamen „The Alice" bedacht – taucht am Outback-Horizont wie eine Fata Morgana auf. Umgeben von weiter, staubiger Einöde und flankiert von den schroffen Höhen der MacDonnell Ranges, ist die Wüsten-Stadt überraschend lebendig. Ca. 27 000 Menschen sind hier zu Hause, nicht mitgerechnet die Aborigines, die am späten Vormittag, wenn die Kneipen öffnen, wie aus dem Nichts kommend schweigsam das Zentrum bevölkern und später im Schatten ihren Rausch ausschlafen. Touristen auf Besichtigungstour schauen meist schockiert zur Seite. Dabei ist es um die Ureinwohner in keiner Stadt Australiens viel besser bestellt. Allein hier scheint das Trauerspiel allgegenwärtig.

Kauzige Gestalten sind hier auf der Jagd nach dem Glück.

Dabei liegt die Leben spendende Quelle hier an den mystischen Traumpfaden der Ureinwohner. Sie trafen, wie von einem unsichtbaren Kompass geführt, auf die ferne Wasserstelle und erlegten dort Kängurus und anderes Jagdwild. Die Wasserstelle („springs") kam den aus Europa vordringenden Pionieren gerade recht. 1872 errichteten sie hier eine Telegrafenstation. Was anschließend lange Zeit nicht nach außen drang, war das Vergehen an Kindern aus Verbindungen von Aborigines und Europäern. Die sogenannten „half caste kids" wurden ihren farbigen Müttern noch bis zur Mitte der 1960er-Jahre entrissen, in Heimen großgezogen oder weißen Paaren zur Adoption angeboten.

Zum Heiligtum der Anunga

Am Erlunda Roadhouse den Blinker setzen und dem rechtwinklig abzweigenden Lasseter Highway – weg vom Stuart Highway – in das westliche Abseits des Outback folgen: So gelangen die Touristenströme auf

01 *Opale bestimmen das Leben in Coober Pedy ...*
02 *... und die Abraumhalden das äußere Bild*
03 *Glen Helen Gorge, West MacDonnell Ranges*
04 *Harte Arbeitsbedingungen in Coober Pedy*
05 *Trephina Gorge, MacDonnell Ranges*

01 *Tiefe Einschnitte des Kings Canyon*
02 *Uluru (Ayers Rock), in Rottönen changierend*

03 *Der Uluru (Ayers Rock) ...*
04 *... ist ein heiliger Ort der Aborigines*

03

04

05

dem Landweg zum Uluru (Ayers Rock), der in etwa die geografische Mitte des Kontinents markiert. Die meisten Überlandbusse machen 50 km weiter Halt am Mt. Ebenezer Roadhouse, Gelegenheit, um zwischen Toilettengang und Imbiss die eigenwillige Kunstgalerie neben dem Gastraum zu besuchen. Plötzlich und beinahe zaghaft kommt der Uluru (Ayers Rock) dann ins Blickfeld, berühmt als Wahrzeichen Australiens und von den hier beheimateten Anunga-Aborigines als sakraler Ort verehrt. Von daher auch die ausdrückliche Bitte der Eingeborenen, den Berg nicht zu besteigen und keine Steine mitzunehmen. Zur Belohnung gibt's im Souvenir Shop T-Shirts mit dem Aufdruck „I didn't climb Ayers Rock" zu kaufen.

Uluru-Kata Tjuta National Park

Selbst hartgesottene Outback-Typen respektieren die mystische Bergwelt, nehmen den Hut ab vor dem Uluru (Ayers Rock) und beschreiten ehrerbietig die Wanderpfade durch die wie riesige Murmeln dahingeworfenen Felskuppeln der Kata Tjuta, von den Europäern „The Olgas" getauft. 1985 wurde das Gebiet den Aborigines als Stammesland zurückgegeben. Nach ihrem Schöpfungsmythos, der sogenannten Traumzeit, entstand der Uluru, als sich die Regenbogenschlange im Erdinnern aufrichtete und dabei den Fels an die Oberfläche drückte. Seit jeher haben die Ureinwohner hier religiöse Zeremonien abgehalten, jede Höhle, Wasserstelle, jeder Felsvorsprung hat eine spirituelle Bedeutung. Es gibt Stätten, die traditionell nur für Männer oder Frauen bestimmt waren. Und es gibt Orte, an denen bis heute nicht gesprochen werden darf. Die Anangu bieten Führungen an, die das geheimnisvolle Land mit Augen der Ureinwohner erleben lassen. Legenden aus der Traumzeit gehören dazu. Der auf Logik fixierte Menschenverstand kann die nur mündlich überlieferten Geschichten aus der Traumzeit eigentlich nicht begreifen …

05 *Eine Wanderung durch die Kata Tjuta berührt heilige Stätten der Aborigines*

01
02
03
04
Northern Territory
Tanami Desert
Central Desert Aboriginal Land
Aboriginal Land
Karlantijpa North
Karlantijpa South Aboriginal Land
Tennant Creek
Three Ways Roadhouse
Warumungu Abor. L.
Barkly Homestead Roadhouse
Barkly Hwy
Devils Marbles Conservation Reserve
Davenport Range N.P.
Semi Desert
Wauchope
Wycliffe Well
Barrow Creek
Ti-Tree Roadhouse
Yuendumu
Mount Allan
Napperby
Aileron
Stuart Hwy
Plenty Hwy
Sandover Hwy
Macdonnell Ranges
Alice Springs
Hermannsburg
Glen Helen
Owen Springs
Finke Gorge Nat. Park
James Ranges
Kings Canyon
Watarrka Nat. P.
George Gill Ra.
Henbury
Henbury Meteorite Craters
Erldunda
Curtin Springs
Lasseter Hwy
Yulara
Mt. Olga
Kata-Tjuta
Uluru
Ayers Rock
Uluru-Kata Tjuta Nat. P.
Petermann Ras.
Docker River
Kulgera
Simpson Desert
Lake Eyre Basin
Finke
Old Andado
Musgrave Ranges
Amata
Mann Ranges
Tomkinson Ra.
Pitjantjatjara Aboriginal Land
Indulkana
Marla
Oodnadatta
Oodnadatta Track
GREAT VICTORIA DESERT
Mintabie
Tallaringa Conservation Park
Unnamed Conservation Park
Maralinga-Tjarutja Aboriginal Lands
Great Victoria Desert Nature Reserve
Stuart Ranges
Coober Pedy
(Opal Mining Town)
Lake Eyre North
Lake Eyre Nat. P.
William Creek
Coward Springs
Woomera
Prohibited Area
Glendambo
Tarcoola
Kingoonya
Maralinga
Watson
Cook
Trans-Australian-Railway
South Australia
Andamooka
Roxby Downs
Olympic Dam
Marree

In Australiens Innerstem

Tiefer kann man nicht in den Kontinent vordringen. Dorthin, wo die westliche Zivilisation erst vor einigen Hundert Jahren die uralten Traumpfade der Ureinwohner kreuzte. Damals wie heute müssen Reisende viel Ausdauer mitbringen, um die landschaftliche Monotonie aus roter Ebene unter blauem Himmel auf dem Landweg zu durchqueren. Wissend, dass am Ziel einzigartige Naturerlebnisse für alles entschädigen.

01 ALICE SPRINGS

„Und mittendrin eine Stadt" – so unglaublich mutet die Existenz von Alice Springs in der endlos trockenen Wüstenei an. Tatsächlich gleicht die Stadt keiner anderen auf der Welt, ein heißes Pflaster für gestrandete Abenteurer wie für ambitionierte Glücksritter. Auf der Strecke geblieben sind die Aborigines, die vormittags hier schweigsam einfallen und dem Alkohol erliegen. Aber Alice Springs wäre kaum Stadt genug, wenn Touristen nicht auf ihre Kosten kämen und nicht mindestens zwei Tage lang in Atem gehalten würden.

SEHENSWERT Kleiner Hügel, großartige Aussicht: Vom **Anzac Hill** am Nordrand der Stadt reicht der Blick über alle Häuserdächer hinweg bis zu den zackig aus der Wüstenebene ragenden MacDonnell Ranges – bei gelungenem Sonnenuntergang ein fantastisches „Farbfernsehen".
Die Fernsehserie über die „Flying Doctors" ist längst ausgelaufen, der **Royal Flying Doctor Service** bleibt für entlegene Stations und Ansiedlungen unverzichtbar. Wie die medizinische Versorgung im Outback – selbst im Notfall – erstaunlich gut funktioniert, demonstriert der Besucherservice mit kleinem Museum (8–10 Stuart Tce., Mo.–Sa. 9.00–16.00, So. 13.00–16.00 Uhr).
Schulunterricht über Hunderte Kilometer hinweg – das erleben Besucher im Norden der Stadt in der **School of the Air,** der ersten dieser Art in Australien (80 Head St., tgl.; siehe Interview S. 60ff). Die alte Telegrafenstation, ebenfalls im Norden, aus der Alice Springs erwuchs, wurde artig restauriert und als **Telegraph Station Historical Reserve** der Öffentlichkeit zugänglich gemacht. Sie stammt aus dem letzten Drittel des 19. Jh.s. Sehr informativ ist es, sich in den authentisch ausgestatteten Räumlichkeiten der weitläufigen Anlage umzusehen, die immerhin bis 1932 in Betrieb war. Draußen führt ein kurzer Spaziergang zum Wasserloch, nach dem die Stadt „Alice Springs" genannt wurde (Heritage Dr., tgl. 8.00–17.00 Uhr, Führungen April–Okt.).

Alice Springs, Stadt in roter Wüste

MUSEEN Am Rand der Innenstadt, am Larapinta Drive, bemüht sich der verschachtelte Komplex des **Alice Springs Cultural Precinct** ein wenig Kultur in die zivilisationsfeindliche Gegend zu bringen: Mit Erfolg, wie die historischen und naturwissenschaftlichen Ausstellungen im **Museum of Central Australia** zeigen. Auch die Kunstsammlung im **Araluen Centre** kann sich sehen lassen, vor allem die Bilder einheimischer Maler. Nicht nur Technik-Freaks kommen im **Aviation Museum** auf ihre Kosten, wo Besucher von luftigen Abenteuern der Flugpioniere im Outback erfahren (Ecke Larapinta Dr./Memorial Ave., Mo.–Fr. 10.00–16.00, Sa., So. ab 11.00 Uhr).
Eisenbahnfreunde werden vom **Old Ghan Museum & Heritage Railway** wie magisch angezogen. Zum liebevoll restaurierten Bahnhof gehört ein altes Teilstück der längs durch den Kontinent führenden Gleise, auf dem historische Loks ihre Waggons hin und her ziehen (am Stuart Hwy., 10 km südlich von Alice Springs, tgl. 9.00–17.00 Uhr, Zugfahrt nach wechselndem Fahrplan, Tel. 08/89 55 50 47).

AKTIVITÄTEN Das Wüstenklima im Innern des Kontinents eignet sich für **Ballonfahrten** unter dem Südhimmel. Einsteigen, aufsteigen und beim Wahnsinnspanorama in luftiger Höhe den Atem anhalten. Ein unvergessliches Erlebnis beim Sonnenaufgang, wenn die Landschaft zu leuchten beginnt. Die Landung wird mit einem Sektfrühstück begossen, auf Wunsch als „Gourmet Breakfast" (Outback Ballooning, Tel. 08/89 52 87 oder 1800 80 97 90).
Rundflüge mit Alice Springs Helicopters ermöglichen auch etwa einen Blick auf die Glen Helen Gorge, Tel. 08/89 52 98 00 od. 1300 66 92 25.

VERANSTALTUNG Im September, wenn der Todd River kein Wasser mehr führt, findet hier eines der verrücktesten Turniere auf dem Kontinent statt: Bei der **Henley on Todd Regatta** wird in bodenlosen Bootsattrappen durch das trockene Flussbett gerannt. Ein fröhliches Volksfest, bei dem kaum ein Auge trocken bleibt – und die Kehle auch nicht.

HOTELS €€ **Crowne Plaza,** Barrett Dr. 82, Alice Springs, Tel. 08/89 50 80 00, www.ichotels.com. Angenehmes Komforthotel am Ostufer des

Tipp

Wüste zum Anfassen

Der **Alice Springs Desert Park** ist eine Art Wüsten-Biotop: verdammt trocken, aber dafür erstaunlich lebendig. Unterteilt in verschiedene Ökosysteme, überrascht das weitläufige Gelände mit immer neuen Naturphänomenen der inneraustralischen Wüsten. Und mit einer Vielzahl von Tieren und Pflanzen, die in der wasserarmen Wildnis überleben können. Die Mischung aus Tiergehege und Erlebnispark ist ebenso informativ wie unterhaltsam. Zumal an der Kasse ein Audioguide auch in deutscher Sprache erhältlich ist und Einheimische vom Typ „Australian Cowboy" die Besucher bei Laune halten. So kann man leicht, trotz Wüstenklimas mit wüsten Temperaturen, ein paar Stunden in dem ungewöhnlichen Naturpark durchhalten.
Larapinta Dr., westlich von Alice Springs, Tel. 08/89 51 87 88, www.alicespringsdesertpark.com.au, tgl. 7.30–18.00 Uhr

Todd River mit exzellentem thailändisch-indischem Restaurant (Hanuman, Reservierung empfohlen). Teilweise Blick auf die MacDonnell Ranges. Pool, Sauna und Tennisplatz. 1,5 km bis ins Stadtzentrum, 236 Zi.

€€/€ **Diplomat Alice Springs,** Ecke Hartley Street/Gregory Terrace, Alice Springs, Tel. 08/89 52 89 77, www.diplomatmotel.com.au. Die zentrale Lage ist kaum zu toppen: Zu Restaurants und der Fußgängerzone sind es nur wenige Schritte. Die zweistöckigen Unterkünfte gruppieren sich um einen Swimmingpool, der für Abkühlung im Wüstenklima sorgt. 80 Zi.

€€/€ **Glen Helen Homestead,** an der Glen Helen Gorge, Tel. 08/89 56 74 89, www.glenhelen.com.au. Die Unterkunft wartet mit Campingplatz und Gästezimmern auf, ideal zum Übernachten, will man frühmorgens zu einer Wanderung in den National Park aufbrechen.

RESTAURANTS €€ **Red Ochre Grill,** Todd Mall, Alice Springs, Tel. 08/89 52 96 14, www.redochrealice.com.au, tgl. ab 6.30 Uhr bis spät. Stillt den Appetit auf australisches Wild: Krokodil, Känguru und Emu kommen mit Gewürzen und Früchten aus dem Busch auf den Tisch. Einmalige Gelegenheit für abenteuerlustige Genießer.

€€/€ **Keller's Restaurant,** 20 Gregory Tce. (gleich neben dem Diplomat Motel), Tel. 08/89 52 31 88, www.kellers.com.au, Mo.-Sa. ab 17.30 Uhr. Wenn Schweizer und indische Küche aufeinandertreffen, schmeckt das nicht unbedingt typisch australisch, aber meistens gut.

Tipp

Festessen unter Sternen

Erst ein Aperitif zum brillanten Sonnenuntergang am Uluru (Ayers Rock)), dann dürfen die Gäste mitten in der Outback-Wüste an weiß gedeckten Tafeln Platz nehmen. Während unten auf der Erde Feuerstellen dem kulinarischen Ereignis Licht spenden, beginnen oben am Firmament die Sterne zu funkeln: Das „Sounds of Silence Dinner" bereitet nicht nur Gaumenfreuden in einmaligem Ambiente unter freiem Himmel, sondern serviert auch – praktisch als Augenschmaus nach dem Dessert – spannende Sternenkunde der Südhalbkugel. Keine Angst vor kalten Wüstennächten, für wärmende Kissen und Wollumhänge ist gesorgt. *(Möglichst frühzeitige Buchung, Tel. 02/82 96 80 10, www.voyages.com.au, ca. 160 A$)*

UMGEBUNG Der Larapinta Drive führt geradewegs westlich aus der Stadt heraus, dorthin, wo der **West MacDonnell National Park** aufregende Schluchten der **MacDonnell Ranges** schützt. Keine Bergkette Australiens ist leichter zugänglich. Bereits nach 25 km tut sich im Felsmassiv **Simpsons Gap** auf, eine begrünte Schlucht, die selbst während der Trockenzeit Wasser führt und deshalb viele Tiere anlockt. Der nächste extrem schmale Einschnitt heißt **Standley Chasm** und besorgt um die Mittagszeit sonnige Farbenspiele. Noch weiter nach Westen hin warten einige Schluchten mit anderen Naturerlebnissen. So die **Glen Helen Gorge.** Aus der Luft betrachtet, ragt die Bergkette einer natürlichen Barriere gleich aus der Ebene empor.

Zwischen Alice Springs und Darwin hält auf dem Stuart Hwy. Richtung Norden **Tennant Creek** (ca. 531 km) ein wenig auf. Die **Dot Mine** gehört zu den ältesten Goldminen in der Gegend, sie ist längst stillgelegt und birgt allenfalls noch so viel Edelmetall, um Touristen zur Goldsuche zu animieren. Eine eigenwillige Stimmung herrscht bei den abendlichen Führungen (4 km nördlich, Tel. 08/89 62 21 68). Unterwegs dorthin, 115 km südlich von Tennant Creek, sieht man am Rand des Stuart Highway die **Devil's Marbles** – des „Teufels Murmeln" – liegen. Vorbei an den riesigen Granitkugeln führt ein 20-minütiger Wanderweg.

INFORMATION

Central Australian Tourism, Ecke Gregory Tce./Hartley St., Alice Springs, Tel. 08/89 52 58 00, www.centralaustraliantourism.com (ein kleines Büro befindet sich auch am Flughafen).

02 WATARRKA NATIONAL PARK/KINGS CANYON

Südwestlich von Alice Springs (330 km) schneidet der Kings Canyon bis zu 270 m tief in den roten Sandsteinfels des Untergrunds. Überall dort, wo wässrige Überbleibsel des Kings Creek Feuchtigkeit spenden, verleiht überraschend üppige Vegetation dem natürlichen Gesamtkunstwerk, geschützt als Watarrka National Park, grüne Tupfer. Wer mit dem Geländewagen unterwegs ist, muss die Anreise auf meist unbefestigter Piste über Hermannsburg nicht scheuen.

Tipp

Per Post durchs Outback

Im 4WD ist noch Platz, und der Briefträger in Coober Pedy nimmt gerne Leute mit. Denn mit ein bisschen Konversation am Lenkrad ist die Tagestour durch flimmernde Hitze und über die rote Wellblechpiste spürbar kurzweiliger. Doch getrödelt wird nicht. Der Postdienst legt Wert auf Pünktlichkeit. Ein Stop in der alten Outback-Siedlung Oodnadatta, Gelegenheit, um Proviant einzukaufen. Und schon rumpeln die Reifen wieder runter vom Asphalt, um bald dem berühmten Oodnadatta Track zu folgen. Der den Kontinent durchziehende Dingo-Zaun liegt am Weg ebenso wie das urige Rasthaus in William Creek, nicht zu vergessen „Anna Creek", die größte Rinderfarm der Welt.

Mo. und Do., 8.45 Uhr ab Coober Pedy/Underground Bookshop, Tel. 08/86 72 52 26 www.desertdiversity.com oder www.mailruntour.com, 165 A$

SEHENSWERT Die Alternativroute zum Stuart Highway führt ab Alice Springs zunächst 130 km auf dem Larapinta Drive bis zu der ehemaligen lutherischen **Missionsstation,** 1878 von deutschen Siedlern gegründet. Den hier lebenden Aborigines vom Stamm der Arrernte wurde nicht nur das Wort Gottes näher gebracht, sondern auch Lesen und Schreiben, Handwerk und Viehzucht. Zu den Schülern gehörte der spätere Künstler Albert Namatjira (1902–1959), dessen zarte Aquarell-Darstellungen in einem der alten Missionsgebäude ausgestellt sind (tgl. 9.00–16.00 Uhr). Eine Erlaubnis („permit") braucht man nicht zum Besuch der Aborigine-Siedlung, allerdings gibt es keine Übernachtungsmöglichkeit. Dafür birgt die nur 20 km entfernte Palmen-Oase des **Finke Gorge National Park** einen attraktiven Campingplatz. Die Zufahrt dorthin ist holprig, doch die seltenen Marienpalmen („cabbage palms") sind die Rüttelstrecke wert.

AKTIVITÄT Der 6 km lange Wanderweg **(Kings Canyon Walk)** oben am Kliff ist schön, aber sehr anstrengend, leichter kommt man auf dem kürzeren Pfad **(Kings Creek Walk)** unterhalb, auf dem Grund der Schlucht, voran.

INFORMATION
siehe Alice Springs

03 ULURU (AYERS ROCK)

Zu Australiens Hauptattraktion, dem Uluru (Ayers Rock), sind es fünf Stunden Fahrt von Alice Springs durch das leere Red Centre des Kontinents.

SEHENSWERT Bei der Orientierung am Uluru (Ayers Rock) hilft das **Visitor Centre,** das eine interessante Ausstellung zur örtlichen Natur (Audioguide in deutscher Sprache) beherbergt. Einlass in den umgebenden **Uluru-Kata Tjuta National Park** TOPZIEL gewährt ein kostenpflichtiger „permit", der drei Tage gültig bleibt. Die meisten kommen rechtzeitig zum Sonnenuntergang an und bleiben über Nacht, um auch den Sonnenaufgang zu erleben. Auf jeden Fall sollte Zeit bleiben für eine Wanderung am Fuß des Berges. Am besten im Rahmen einer Führung durch ansässige Aborigines (Anangu Tours, Tel. 08/ 89 50 30 30). Inbegriffen ist in der Regel ein Besuch des **Cultural Centre,** wo Displays und Ausstellungen die Natur am Uluru aus Sicht der Ureinwohner zeigen und Maruku Arts teures, aber hochwertiges Kunsthandwerk verkauft. In Sichtweite, jedoch 42 km entfernt, ragen die Felskuppeln der **Kata Tjuta (The Olgas)** aus dem Wüstenboden. Bei Sonnenauf- und Sonnenuntergang bescheren sie ebenfalls eine lohnende Licht-Show in Rottönen. Durch die Schluchten und Täler führen Wanderwege. Wer sich zu Fuß aufmacht, sollte an ausreichend Trinkwasser denken.

UNTERKUNFT Zentraler Übernachtungsplatz am Rand des Nationalparks ist Yulara mit Hotels, Campingplatz, Restaurants und Geschäften, die allesamt vom **Ayers Rock Resort** betrieben werden (Zimmerreservierung: Tel. 02/ 93 39 10 40 oder 1300 13 98 89, www.voyages.com.au).

INFORMATION
Yulara Visitor Centre, Yulara Dr., Yulara,
Tel. 08/89 57 73 77

04 COOBER PEDY

Auf dem Weg von Alice Springs nach Adelaide führt Coober Pedy unter die Erde.

SEHENSWERT Vorzugsweise besucht man diesen außergewöhnlichen Ort im Rahmen einer Tour u. a. durch **Opalmine** und **Höhlenwohnung,** „dugout" genannt (Buchung im Visitor Centre, Hutchison St., Tel 08/86 72 52 98). Selbst Kirchen laden zu Gottesdiensten oder einem Stoßgebet in den Untergrund ein. Die **Serbian Orthodox Church** lohnt zumindest einen tiefen Blick ins mystisch anmutende Felsgewölbe (Flinders St., tgl. 11.00–18.00 Uhr). Deutlich über der Erde befindet sich der **Big Winch Lookout,** von dem man eine eindrucksvolle Rundumsicht auf die „Maulwurfhügel" der Minensiedlung hat (Italian Club Rd.).

INFORMATION
Visitor Centre Coober Pedy,
Hutchison St.,
Tel. 1800 63 70 76,
www.opalcapitaloftheworld.com.au

Tipp

The Underground Hotel

Zimmer mit Aussicht kann die nette Rezeptionistin nicht vergeben. Aber angenehm kühl belüftete und behaglich möblierte Räumlichkeiten – das ist im unwirtlichen und brütend heißen Coober Pedy mehr, als man sich erträumen will. Für das Motel wurde Anfang der 1980er der Sandstein voluminös unterhöhlt. Trotzdem bekommen alle Zimmer Tageslicht und Frischluft ab. Zur Wahl stehen Standard Rooms und Suites mit eigener Veranda.
Coober Pedy, Catacomb Rd.,
Tel. 08/86 72 53 24, www.theunderground motel.com.au, DZ ab 100 A$

Nicht versäumen!

KULTUR

Mit Liebe zum Detail
Die Telegraph Station Historical Reverse hält anschaulich den mutigen Pioniergeist wach, der Alice Springs aus dem Boden stampfte. Nur ein kurzer Fußweg führt zu dem Wasserloch, das irrtümlich als „spring" (Quelle) bezeichnet wurde.

Siehe Nr. 01

NATUR

Wie Perlen auf der Schnur
Im West MacDonnell National Park reihen sich einzigartige Schluchtensysteme im Westteil der MacDonnell Ranges aneinander. Die üppige Pflanzen- und artenreiche Tierwelt inmitten staubiger Wüstenei ist einen ausgedehnten Tagesausflug von Alice Springs aus wert.

Siehe Nr. 01

AKTIV

Spaziergang durch eine Oase
Bekannt als Kings Canyon, grünt in rostroter Wüste eine malerische Oase. Der entspannte, nur 2,5 km lange Spazierweg durch die bis zu 270 m tiefe Schlucht ist Pflicht, der stellenweise sehr anstrengende Kings Canyon Walk oberhalb der Steilwände gehört zur Kür.

Siehe Nr. 02

NATUR

Farbspiele
In dem Naturschutzgebiet betört nicht nur der Uluru (Ayers Rock) durch zauberhaftes Erröten, auch die benachbarten Felskuppeln der Kata Tjuta (The Olgas) legen bei Sonnenauf- und Sonnenuntergang richtig Farbe auf.

TOPZIEL Siehe Nr. 03

ERLEBEN

Ein bizarres Schattendasein
Einmalige Erlebnisse unter Tage – die Minenstadt Coober Pedy führt ein Dasein unter der Erde. Nicht nur die Opal-Sucher wühlen im felsigen Untergrund, auch Hotels, viele Wohnungen, Läden und Museen – sogar Kirchen – haben sich tief eingegraben.

Siehe Nr. 04

Dramatik unter tropischer Sonne

Im feuchtheißen Klima hat der Norden des Kontinents maßlose Landschaften geformt: an der Küste undurchdringliche Mangrovensümpfe mit gefährlichen Krokodilen darin, dahinter weite Feuchtgebiete, von Monsunregen in riesige Seen verwandelt, und grandiose Schluchten, die dann in mächtigen Strömen und rauschenden Wasserfällen ertrinken. Die multikulturelle Hafenstadt Darwin verquirlt über 50 Nationen und nirgendwo sonst in Australien leben mehr Aborigines als im „Top End".

Der Kakadu National Park, ein urgewaltiges Naturparadies, steht als Welterbe unter Schutz

01

02

03

04

Riesenreptil – mit Riesenappetit

Punkt zwei Uhr mittags schleppt der Tierpfleger auf der Darwin Crocodile Farm einen Eimer mit blutigen Fleischstücken an das trübe Wasserloch hinter dem hohen Zaun: Fütterungszeit für die bis zu sieben Meter langen Leistenkrokodile und Showtime für die heute gut 30 Besucher. Die sehen mit schreckensweiten Augen zu, wie sich die scheinbar erstarrten Raubtiere in flinke Jäger verwandeln, um einen der hingeworfenen Fleischbrocken zu ergattern.

Beim Schlüpfen sind die Jungen bis zu 30 cm groß

Die eingesperrten Riesenreptilien müssen Tierschützer nicht erzürnen. Denn bei den meisten Krokodilen hier handelt es sich um Problemfälle, die menschlichen Siedlungen gefährlich nah gekommen sind und deshalb eingefangen wurden. Im Hafengebiet von Darwin zum Beispiel tauchen regelmäßig Jungtiere auf, die von älteren Artgenossen aus ihrem Territorium gejagt wurden.

Leistenkrokodile – auch Salzwasserkrokodile genannt – bewohnen den tropischen Norden Australiens. Sie bevorzugen Sümpfe und Wasserlöcher, sogenannte „billabongs", aber auch Mangrovenküsten und seichte Flussmündungen. Weshalb immer wieder an Badestränden Tiere für Panik sorgen. Besonders gefährlich sind sie zu Beginn der Regenzeit, im Oktober/November, wenn der Hunger sie angriffslustig macht. Zwischen November und Februar bauen die Weibchen ihre Nester an den Ufern der Flüsse. Etwa zwölf Wochen später schlüpfen die Jungen aus den Eiern: Weibchen, sofern im Nest eine Temperatur von unter 30 °C herrscht, Männchen bei über 34 °C, dazwischen entwickeln sich beide Geschlechter. Der Nachwuchs wird von der Mutter zum Wasser gebracht und bei ersten Geh- und Schwimmversuchen während der nächsten Monate sorgsam beaufsichtigt. Gefahr droht nämlich vor allem von den Krokodilen aus der Nachbarschaft.

„Ginga" nennen die Ureinwohner das Leistenkrokodil. Seine schuppige Lederhaut, so glauben sie, stammt von Brandblasen, die sich die Tiere beim erstarrten Dösen in der Sonne holen. „Saltie" klingt zwar wie ein Kosename, kommt aber bei den Australiern überhaupt nicht von Herzen.

Das feine weiße Leder an der Unterseite war letztendlich schuld, dass die Krokodile fast ausgerottet wurden. Im Jahre 1971 brachte der Naturschutz Rettung. Aber ohne nennenswerte natürliche Feinde vermehrten sich die räuberischen Reptilien von da an so ungehemmt, dass wieder Jagd auf sie gemacht werden musste. Am naturverträglichsten geschieht dies, indem Eier den Gelegen entnommen und anschließend auf Farmen zwecks Fleisch- und Ledergewinnung künstlich ausgebrütet werden.

Auf der Krokodilfarm bei Darwin können Besucher die Reptilien gefahrlos aus der Nähe betrachten

Von der Küste des Northern Territory ist es lediglich ein Katzensprung nach Asien. Dafür trennen Welten das Gebiet von den dicht besiedelten Regionen Asiens. Wen also wundert, dass hier ein kunterbuntes Völkergemisch zusammengekommen ist. Vor allem in Darwin, Regierungssitz des Northern Territory, aber mit rund 100 000 Einwohnern kein urbanes Monster, sondern eher eine liebenswerte Provinzstadt. Umso aufregender ist die Natur drum herum, wo Arnhem Land zum nur eingeschränkt zugänglichen Refugium der Ureinwohner wurde und der Kakadu National Park Mitte der 1980er-Jahre als wilde Szenerie für den Kino-Hit „Crocodile Dundee" dienen konnte. Wer sich an „Charlie", den störrischen Wasserbüffel aus den beiden ersten Folgen, erinnert, kommt nicht am Adelaide River Inn vorbei. Hier am Rand des Stuart Highway stand der tierische Star jahrelang auf der Weide. Nach seinem Tod wurde er ausgestopft und steht jetzt im Pub.

The Last Frontier

So heißt Arnhem Land bei den Aussies: entlegenes Grenzland an der meist ruhigen Arafura Sea. Auf einer Fläche etwa so groß wie Süddeutschland leben rund 30 000 Aborigines beinahe so archaisch und naturnah wie eh und je. Ihr Alltag folgt immer noch sechs „Jahreszeiten": Blitz und Donner, Regen, Blüte, Sturm, Buschbrand und strahlend blauer Himmel. Wirklich sesshaft sind die Ureinwohner hier nicht geworden. In Sippen führen sie eine Art Nomaden-Dasein entlang der Küste, weit weg von jeglicher westlich geprägten Zivilisation. Max Davidson ist Weißer und kennt die Gegend seit über 30 Jahren. Er lebt davon, Touristen die Kultur der Aborigines näher zu bringen – „ohne sich den Ureinwohnern aufzudrängen", wie er betont. Deshalb hat er am Westrand, bei Mount Borradaile, ein separates Zelt-Camp errichtet, nur Geländewagen oder Kleinflugzeuge finden hin. Max zeigt

01 *Kakadu National Park: Ubirr Rock ...*
02 *... und Yellow Water*
03 *Dingo im Territory Wildlife Park*
04 *Kunsthandwerk der Aborigines, Arnhem Land*

01

02

03

04

Respekt vor Land und Leuten, sonst würde man ihn hier wohl auch nicht machen lassen: „Dieses Stück Erde ist 1,6 Milliarden Jahre alt. Nirgendwo im Fels findet man Fossilien. Denn das Land entstand, als es noch keinerlei Lebewesen gab."

Schatzkammer der Aborigines-Kultur

Der westlich angrenzende Kakadu National Park begeistert auf Anhieb als urgewaltiges Naturparadies rund um den South Alligator River und seine Nebenflüsse. Wer tiefer eindringt, stößt auf erstaunliche Zeugnisse steinzeitlicher Kultur der Ureinwohner. Gründe genug für die UNESCO, den größten Nationalpark Australiens in die Liste des Weltkulturerbes aufzunehmen. Wissenschaftler gehen davon aus, dass die Vorfahren der heutigen Aborigines den Norden des Kontinents vor mehr als 50 000 Jahren – vielleicht sogar schon vor 120 000 Jahren – über eine Landbrücke von Papua Neuguinea aus erreicht haben. Das untermauern auch die zahlreichen archäologischen Fundorte und Felsmalereien im Nationalpark. Allerdings sind die wenigsten zugänglich, die vermutlich ältesten und eindrucksvollsten Abbildungen bekommt man am Nourlangie Rock und Ubirr Rock zu Gesicht. Ein Aborigines-Dialekt, der früher in der Gegend gesprochen wurde, ist „Gagudju". Für die Weißen muss sich das angehört haben wie „Kakadu" – so soll der Nationalpark zu seinem Namen gekommen sein. Beste Besuchszeit ist die Trockenperiode zwischen Mai und November, wenn Hitze und Schwüle noch erträglich sind und die Fahrzeuge nicht im Schlamm der vom Regen aufgeweichten Pisten stecken bleiben. Dann sammeln sich Zigtausend Vögel um die Wasserstellen: Kormorane, Reiher, Kraniche, Greifvögel, Spaltfußgänse und Jabirus (Riesenstörche), die einzige Storchenart Australiens. Leider lässt die Trockenzeit auch die imposanten Wasserfälle zu dünnen Rinnsalen verkümmern. Wer das donnernde Spektakel an den Jim Jim Falls oder Twin Falls nicht verpassen will, muss gleich nach dem Ende der Regenzeit, Mitte April bis Anfang Mai, versuchen, mit dem Boot oder 4WD durchzukommen.

Der Kakadu National Park begeistert auf Anhieb

Im australischen Grand Canyon

Zugegeben, der Vergleich hinkt, was die Ausmaße betrifft. Aber mit ihren schreiend-rotbraunen Sandsteinwänden, die sich senkrecht in den blau-grünen Fluss stürzen, stiehlt die Katherine Gorge mit ihren 13 spektakulären Schluchten dem berühmten Canyon im US-Staat Arizona allemal die Schau. Hindurch zwängt sich der Katherine River – während der Regenzeit ein unbezähmbarer Strom. Ansonsten ein herrliches Revier für ausgiebige Kanu-Touren durch das verwinkelte Schluchtensystem. Über 2900 km^2 der einzigartigen Naturlandschaft drum herum sind als Nitmiluk National Park geschützt und wieder im Besitz des Aborigines-Volkes der Jawoyn. Sie glauben, dass ganz tief im Fluss die Regenbogenschlange, das Schöpferwesen aus der Traumzeit, lebt, weshalb die Schlucht von enormer spiritueller Bedeutung für die Ureinwohner ist. Auf jeden Fall gibt es Krokodile im Katherine River, wahrscheinlich nicht nur „freshies", wie die harmloseren Süßwasserkrokodile genannt werden. Denn nach ausgiebigen Regenzeiten machen immer wieder Augenzeugenberichte

01 *Felszeichnung am Ubirr Rock*
02 *Wasserfülle im Kakadu National Park*
03 *Per geführter Tour durchs Arnhem Land, ...*
04 *... das weitgehend unerforscht ist.*

Der Nitmiluk National Park ist ein herrliches Revier für ausgiebige Kanutouren.

02

SPECIAL Kunst der Aborigines

Kunst am Felsen

In Australien ist die Steinzeit noch nicht zu Ende. Nach wie vor bilden die Aborigines ihre Traumzeit-Geschichten auf Steinwänden in der Natur ab, oft werden alte, im Laufe der Zeit verblichene Darstellungen mit frischer Farbe übermalt. Aber meist bedienen sich zeitgenössische Künstler der traditionellen Motive und Techniken, schnitzen Hölzer zu kurvigen Schlangenkörpern oder arrangieren farbige Punkte zu dekorativen Mustern auf der Leinwand.

Dekor mit langer, mystischer Tradition

Angefangen hat alle Kreativität an Höhlenwänden oder unter Felsüberhängen, dort wo sie geschützt war vor Wind, Wasser und anderer zerstörerischer Witterung. Mangels Schrift wurden Geschichten oder Ereignisse in Bildern verschlüsselt. So entstanden stilisierte Figuren, wie Menschen, Tiere und mythische Wesen, aber auch abstrakte Formen. Farben wurden aus der Natur gewonnen: Rot aus Lehm und Gestein, Weiß aus Tonerde und Schwarz aus Holzkohle. Innerhalb eines Stammes blieben die Motive einheitlich, drückten stets eine feste überlieferte Symbolik aus – eine Art Bildersprache, die keine persönliche Interpretation zuließ.

Sambo Burra Burra wurde 1949 in Arnhem Land geboren. Zunächst malte er auf Rinde, wie es bei seinem Volk Tradition ist. Die Rinden werden sorgsam vom Baum abgeschält, geglättet und gehärtet. Ohne moderne Konservierungstechniken überdauerten diese Kunstwerke früher nur kurze Zeit. Die ältesten Rindenbilder, die in Museen bewahrt werden, stammen vom Ende des 19. Jahrhunderts. Sambo Burra Burra hat schon vor langer Zeit zu Acryl und Leinwand gewechselt, bedient sich aber nach wie vor alter Motive, Techniken und Regeln. Typisch für seine Bilder ist die in Nordaustralien entwickelte Röntgenmalerei („x-ray painting"), die transparente Körper mit Knochen und Organen zeigt. Seine Werke hängen in den bedeutendsten Kunstmuseen des Landes.

über gefährliche Leistenkrokodile im Wasser die Runde. Im Litchfield National Park dagegen gelten alle Wasserlöcher (nicht die Flüsse!) als sichere Badeplätze. Doch die meisten Besucher haben auf dem Sandsteinplateau nur Augen für die pittoresk geformten Termitenhügel. Wie spätgotische Türme muten die bis zu fünf Meter hohen Bauten der Magnettermiten (auch Kompasstermiten) an. Ein Wunder der Natur ist dabei die Ausrichtung ihrer Längsachse in Nord-Süd-Richtung, was für konstantes Raumklima durch optimale Sonnenbestrahlung sorgt: stärkere Erwärmung morgens und abends sowie mehr Schutz um die heiße Mittagszeit.

Viel Wirbel um „Tracy"

Wenn die Bewohner Darwins von ihrer Stadt erzählen, datieren sie gerne vor „Tracy" oder nach „Tracy". Der gleichnamige Wirbelsturm hat 1974 – ausgerechnet an Heiligabend – mehr als zwei Drittel aller Gebäude zerstört, 71 Menschen kamen zu Tode. Nach Mitternacht zog das Auge über die Stadt, Windmesser verzeichneten bald Geschwindigkeiten von über 200 km/h – bis sie fortgerissen wurden. Inoffiziellen Schätzungen zufolge hat der Sturm in der Nacht sogar bis zu 300 km/h erreicht. Beinahe die Hälfte der damals 48 000 Einwohner war auf einen Schlag

01 *Per Kanu kann man weit in den Nitmiluk National Park vordringen*
02 *Aboriginal Dance im Nitmiluk National Park*

01

02

03

04

Darwin gewährt einer bewundernswert lässigen Lebensart viel Raum.

obdachlos. Sie zu evakuieren bedeutete, die traumatisierten Menschen über den Kontinent verteilt unterzubringen: in Alice Springs, Adelaide und sogar im 4000 km entfernten Sydney. Die Ära „Darwin after Tracy" nahm ihren Anfang. Aber es sollte noch September des neuen Jahres werden, bis mit dem radikalen Neuaufbau begonnen wurde. Dazu beigetragen hat damals selbst die australische Popmusik-Szene: Der Song „Santa never made it into Darwin" von Bill Cate unterstützte die Spendensammlungen und stürmte ganz nebenbei die Hitparade. Nicht zu verwechseln mit „Tojo never made it to Darwin" von den Hoodoo Gurus, die knapp zehn Jahre später mit ihrem Lied an die Bombardierung Darwins im Zweiten Weltkrieg durch die Japaner erinnern wollten. Dabei war am 19. Februar 1942 vor allem das Stadtgebiet um den Hafen zerstört worden. Heute zeigt die Stadt kaum noch Ähnlichkeit mit dem „Darwin before Tracy". Zwar wurden einige erhaltenswerte Baudenkmäler, wie das Government House von 1870, so weit wie möglich in ihren alten Zustand versetzt, doch die Stadtplaner entschieden sich erkennbar für eine moderne Architektur. Die hat Platz geschaffen für eine lässige Multikulti-Lebensart, wie man sie nur in tropischen Städten vorfindet.

01 *Yachthafen von Darwin*
02 *Museum & Art Gallery in Darwin*
03 *Erholsamer Zwischenstopp auf Darwins Mall*

04 *Das Angebot an qualitätvoller Aboriginal Art ist groß im Northern Territory*

01
02
03
04
Laut Arafura
Arafura Sea
+9h Gr.Time
+9h30 Gr.Time
+8h Gr. Time
+9h 30 Greenwich Time
+8h Greenwich Time
Darwin
Melville Island
Bathurst I.
Cobourg Pen.
Van Diemen Gulf
Beagle Gulf
Clarence Strait
Arnhem Land
Arnhem Aboriginal Land
Parsons Range
Gove Pen.
Groote Eylandt
Kakadu National Park
Nitmiluk Nat. P.
Katherine
Jabiru
Pine Creek
Adelaide River
Batchelor
Mataranka
Larrimah
Daly Waters
Dunmarra
Elliott
Renner Springs
Tennant Creek
Three Ways Roadhouse
Wauchope
Barrow Creek
Borroloola
Roper Bar
Ngukurr
Timber Creek
Kununurra
Victoria River
Gregory Nat. Park
Barkly Tableland
Northern Territory
Tanami Desert
Central Desert Aboriginal Land
Karlantijpa North Aboriginal Land
Karlantijpa South Aboriginal Land
Davenport Range
Murchison Ra.
Semi Desert
Lajamanu (Hooker Creek)
Lake Mackay

Trockenzeit ist Hochsaison

Alljährlich im Mai, wenn der tropische Norden nicht mehr in apokalyptischen Regenfällen zu ertrinken scheint, blüht der Tourismus auf. Dann beruhigt sich die Natur, soweit es die ungezähmte Wildnis in den uralten Landschaften ausgedehnter Nationalparks überhaupt zulässt. Und an der Küste muss Darwin keine zerstörerischen Wirbelstürme fürchten, sondern entspannt bei sonnigem Wetter mit kosmopolitischer Lebensfreude, die ansteckend wirkt.

01 DARWIN

Die Hauptstadt des Northern Territory ist das einzige urbane Zentrum weit und breit. Reisende, die den Staub an den Schuhen und die Fliegenkadaver auf der Windschutzscheibe leid sind, bleiben gerne zwei bis drei Tage – ohne sich zu langweilen. Bereits im 17. Jh. segelten holländische Seefahrer an der Küste vorbei, daher Namen wie Arnhem Land und Van Diemen Gulf. Doch erst 1839 wurde an der unwirtlichen Küste ein brauchbarer Naturhafen entdeckt, an dem 30 Jahre später freie Siedler die Ortschaft Palmerston gründeten. Die wurde 1911 in Darwin umbenannt, nach dem englischen Biologen Charles Darwin, der mit seiner Evolutionstheorie lange Zeit als ungeliebtes „enfant terrible“ betrachtet worden war. Die moderne Stadt macht es Besuchern leicht, erobert zu werden: Der Stuart Highway führt aus südlicher Richtung geradewegs ins Zentrum, wo die meisten Sehenswürdigkeiten zu Fuß erreichbar sind. Allerdings sollte man einen Rundgang außerhalb der schwülen Mittagshitze unternehmen.

SEHENSWERT Nicht viel, was an Baudenkmälern nach Wirbelsturm „Tracy“ (1974) geblieben ist, aber das Wenige ist einen Blick wert: Die **Police Station and Old Courthouse** (Ecke Smith St./The Esplanade) wurde 1884 aus Kalkstein errichtet und später schön restauriert, das koloniale **Government House** (Esplanade) in der Nähe steht stolz und strahlend weiß als ältestes Gebäude der Stadt, von der steinernen **Old Town Hall** (Ecke Smith/Bennett St.) von 1883 dagegen sind nur Ruinen geblieben. Seit den 1950er-Jahren haben die Fische im Hafengewässer die Angewohnheit, mit der Flut zur **Aquascene,** im Norden des Bicentennial Park, zu schwimmen, um dort von Menschenhand – vor allem von Kindern – gefüttert zu werden (28 Doctor's Gully Rd.).
Im **Crocodylus Park** im Osten der Stadt spielen die Leistenkrokodile die Hauptrolle. Um die tausend von ihnen leben in den Gehegen, mächtige Krokodilbullen ebenso wie gerade geschlüpfte Mini-Echsen. Kinder haben hier sicher viel Spaß. Wissenslücken schließt das angeschlossene Croc Museum (815 McMillans Rd., Berrimah, 15 Fahrminuten vom Zentrum, tgl. 9.00–17.00, Fütterungen: 10.00, 12.00, 14.00 Uhr).

MUSEUM Viele, die sich auskennen, halten die Aborigines-Kunstsammlung im **Museum & Art Gallery of the Northern Territory** für die wertvollste auf dem ganzen Kontinent, zumal die Exponate aus verschiedenen Landesteilen im Norden stammen: von Schnitzereien der vorgelagerten Tiwi Islands bis Rindenmalereien aus Arnhem Land. Daneben widmen sich die Ausstellungen ausführlich der heimischen Tierwelt sowie der Seefahrtsgeschichte und natürlich Zyklon „Tracy“ (Conacher St., Fannie Bay, Mo.–Fr 9.00 bis 17.00, Sa., So. ab 10.00 Uhr).

VERANSTALTUNG Kaum zu glauben, aber wahr: Alljährlich im Juli/August ist Darwin Austragungsort der **Beer Can Regatta**. Dazu werden am Mindil Beach waghalsige Konstrukte aus leeren Bierdosen zu Wasser gelassen. Seit über 30 Jahren eine Riesensause Regeln gibt's nur wenige, dafür jede Menge Spaß. Zumal die Einwohner Darwins beim Bierkonsum weltweit ganz vorne liegen.

HOTELS €€€/€€ **Feathers Sanctuary,** 49A Freshwater Rd., Jingili, Tel. 08/89 85 21 44, www.featherssanctuary.com. Luxus im Outdoor-Style: klimatisiert wohnen, unter freiem Himmel duschen. Die originell ausgestatteten Bungalows, tropengerecht umgeben von einem exotischen Park mit zahlreichen Vögeln, bieten zehn Fahrminuten außerhalb von Darwin allen Komfort, ohne dass man auf Natur verzichten müsste.
€€/€ **Travelodge Mirambeena Resort,** 64 Cavenagh St., Tel. 08/89 46 01 11, www.mirambeena.com.au. Lediglich einen Steinwurf vom Stadtzentrum entfernt, bietet der große Hotelbau eine attraktive Badelandschaft mit Wasserfällen und Whirlpools sowie ein empfehlenswertes Restaurant, dessen Menu sich an typischem australischem Bush Tucker orientiert. 225 Zi.

RESTAURANTS Der **Wharf Precinct** am Wasser ist derzeit das ehrgeizigste Projekt der Stadtplaner. Bis zum Jahr 2015 soll sich Darwin hier von seiner attraktivsten Seite zeigen. Bereits jetzt kann sich die **Stokes Hill Wharf** sehen lassen, eine appetitliche Ansammlung ansprechender Restaurants, die von den Einwohnern der Stadt nach Feierabend gerne besucht werden.
€€€/€€ **Crustaceans on the Wharf,** Tel. 08/89 81 86 58, www.crustys.com.au. Eines jener Restaurants an Stokes Hill Wharf, Spezialität sind die Meeresfrüchte.
€€ **Yots Greek Taverna,** Cullen Bay Marina, 54 Marina Blvd., Tel. 08/89 81 44 33. Hier tischt Darwin griechisch auf. Die Lage am Yachthafen ist einmalig.

EINKAUFEN Wer hochwertige Aboriginal-Kunst oder authentisches Kunsthandwerk erwerben will, ohne kilometerweit Staub schlucken zu müssen, wird ganz bestimmt in Darwin fündig: z. B. in der **Mason Gallery** (21 Cavenagh St.), der **Aboriginal Fine Arts Gallery** (Ecke Knuckey/Mitchell St.) oder in der **Wadeye Arts and Craft Gallery** (31 Knuckey St.), die von einer Aboriginal Community betrieben wird.

UMGEBUNG Die **Darwin Crocodile Farm** handelt mit dem Leder der Riesenechsen. Im gro-

Tipp

Bunter Markt am Abend

Wenn die Sonne untergeht, kommt Leben in die Mindil Beach Sunset Markets: Händler legen ihre Waren aus, in Garküchen wird dem Wok kräftig eingeheizt und Straßenkünstler bereiten sich auf ihren großen Auftritt vor. Beim abendlichen Markttreiben am Strand treffen sich Einheimische und Touristen in zwangloser Atmosphäre. Genau das war die Idee der Initiatoren, die 1987 im tropischen Ambiente einen Markt nach asiatischem Vorbild arrangierten. Mit heute über 260 Ständen ein Bombenerfolg. „Live the lifestyle“ lautet die Devise, was bedeutet: Spaß haben, entspannen, sich unterhalten lassen und wie im tropischen Paradies fühlen. Donnerstags ist immer mehr los als sonntags.
Gilruth Ave., Mindil Beach, Darwin, letzter Do. im April – letzter Donnerstag im Okt. 17.00–22.00, So. 16.00–21.00 Uhr, www.mindil.com.au

ßen Stil und ganz legal, denn die Tiere werden hier zu diesem Zweck gezüchtet. Lederprodukte zu günstigen Preisen kann man kaufen, man sollte aber auf ein Zertifikat für die Zollkontrolle bestehen. Im Besucherbereich fühlen sich bis zu 5 m große Krokodile noch wohl in ihrer Haut und dürfen bei der Fütterung um 14.00 Uhr kräftig zuschnappen (40 km südl. am Stuart Hwy., tgl. 9.00 bis 16.00 Uhr). Südlich der Farm zeigt der **Territory Wildlife Park** die einheimische Tierwelt.

115 km trennen den außergewöhnlich schönen **Litchfield National Park** von Darwin. Über diese Distanz können die Australier nur lachen und fallen deshalb an Wochenenden in Scharen ein, auch weil sie hier, wie an den Florence Falls, unter erfrischenden Wasserfällen in krokodilfreien Süßwasser-Pools baden können. Hauptattraktion sind allerdings die monströsen Bauten der Magnettermiten, zu denen man auf der gut geebneten Litchfield Park Road gelangt. Erst weiter abseits der Straße wird ein 4WD vonnöten. Übernachten und essen kann man in der kleinen Ortschaft **Batchelor,** die als Tor zum Park fungiert.

Alternativ fährt man ca. 10 km weiter südlich bis **Adelaide River,** das am Stuart Highway gelegen ist. Im Adelaide River Inn (106 Stuart Hwy., Tel. 08/89 76 70 47, www.adelaideriverinn.com) schaut der ausgestopfte Wasserbüffel aus dem Kinofilm „Crocodile Dundee" den Gästen beim Verzehr lecker zubereiteter Barramundi-Fische zu.

INFORMATION

Regional Visitor Centre
Ecke Mitchell/Knuckey St., Darwin
Tel. 08/89 80 60 00, www.tourismtopend.com.au

Tipp

Vorsicht, giftige Quallen!

Stinger, Box Jelly Fish oder Sea Wasp (zu Deutsch: Seewespe oder Würfelqualle) meinen alle dasselbe: die hochgiftige Quallenart in den tropischen Küstengewässern Australiens. Gefahr droht allerdings nur in den Sommermonaten, von November bis April. Dann sollte man zum Baden Strandabschnitte aufsuchen, die durch Netze geschützt sind. Die Berührung mit den bis zu drei Meter langen Tentakeln ist nicht nur ausgesprochen schmerzhaft, sondern kann tödlich sein. Für Erste-Hilfe-Maßnahmen steht vielerorts Essig bereit, mit dem die befallenen Hautstellen eingerieben werden müssen. Außerdem ist schnellste ärztliche Versorgung notwendig. *Genaue Infos: Tropical Australian Stinger Research Unit der James Cook University unter www.jcu.edu.au/interest/stingers*

Mit architektonischen Tricks halten die Magnettermiten ihre Bauten im Litchfield National Park kühl

02 ARNHEM LAND

Die menschenleere und noch unerforschte Weite des Arnhem Land im Osten übt einen großen Reiz auf Outback-Reisende aus. Viele Aborigines leben hier, im äußersten Nordosten.

SEHENSWERT Die **Wildnis** ist für Individualreisende nur schwer zugänglich, ohne ein entsprechendes „permit" sogar verboten. Am besten und sichersten ist es, wenn man sich einer geführten Tour anschließt, z. B. Davidson's Arnhemland Safaris (Tel. 08/89 27 52 40, www.arnhemland-safaris.com und www.savannah-guides.com.au). Die „Organization of Aboriginal Artists of the Kimberley and North Australia" (ANKAAA, www.aboriginalart.org) hat einen Wegweiser zu empfehlenswerten **Galerien** herausgegeben. Dazu zählt auch Buku-Larrnggay Mulka Art Centre in Yirrkala nahe Nhulunby/Arnhem Land, bekannt für Rindenmalereien und Schnitzereien.

INFORMATION

Northern Land Council,
45 Mitchell St., Darwin, Tel. 1800 64 52 99
(hier werden die „permits" vergeben)

03 KAKADU NATIONAL PARK

Eine Vielzahl an Vogelarten, Krokodile, Wasserfälle, Felsbilder der Aborigines – der National Park weiß zu beeindrucken.

SEHENSWERT Zwei Tage reichen gerade aus, die unbändige Schönheit des **Kakadu National Park** TOPZIEL annähernd zu begreifen – auch wenn einige Veranstalter Tagestouren mit dem Bus ab Darwin anbieten. Schade, wenn man keine Bootsfahrt im Morgengrauen unternehmen kann. Tausende von Vögeln sind dann schon rege, Dingos tauchen am Ufer auf und später dösen Krokodile in der aufsteigenden Sonne. 50 km nördl. von Jabiru liegt **Ubirr Rock,** 35 km südwestl. **Nourlangie Rock,** beide sind mit wertvollen Malereien der Aborigines versehen.

Die eigenwillige Architektur des **Bowali Visitor Centre** (s. u.) ist ein echter Blickfang: Drinnen werden Fakten zum Kakadu National Park in anschaulichen Happen serviert, Wege zu Felsmalereien der Ureinwohner gewiesen sowie Ausflüge zu Wasser und zu Land angeboten.

UNTERKUNFT Zentrale Übernachtungsorte im Park sind **Jabiru** und **Cooinda,** man kann hier zwischen Campingplatz und Komforthotel wählen. €€€/€€ **Holiday Inn Gagudju Crocodile,** Kakadu Hwy., Jabiru, Tel. 08/89 79 90 00, www.ichotelsgroup.com. Das Haus macht seinem Namen alle Ehre und sieht aus der Luft aus wie ein erstarrtes Riesen-Croc.

INFORMATION

Bowali Visitor Centre
Kakadu Hwy. (5 km westlich von Jabiru),
Tel. 08/89 38 11 20, www.tourismtopend.com.au

04 KATHERINE

Zu touristischer Bedeutung hat es die Kleinstadt an der Kreuzung von Stuart und Victoria Highway eigentlich nur wegen der Nähe zum Nitmiluk National Park mit seiner be-

rühmten Katherine Gorge gebracht. Katherine (ca. 10 000 Einw.) ist neben Tennant Creek die einzige größere Ansiedlung bis Alice Springs im Süden. Europäer kamen hier erst Mitte des 19. Jh. vorbei, einige Siedler ließen sich 1872 nieder, um an der Telegrafenline nach Darwin zu arbeiten. Ihren heutigen Platz erhielt die Stadt im Jahr 1926, als die Eisenbahnbrücke über den Katherine River fertiggestellt war und bereits bestehende Gebäude ans rechte Flussufer versetzt wurden.

SEHENSWERT Zu den ältesten Bauten im Norden gehört **Springvale Homestead,** 1879 von einem Viehzüchter namens Ernest Giles als Wohnhaus seiner entlegenen Station errichtet (Shadforth Rd., 8 km südlich der Stadt). Bis auf unregelmäßige Führungen ist das historische Gebäude allerdings nicht für Besucher offen.

AKTIVITÄT Wer in der Katherine Gorge weiter in der Schlucht vordringen will, steigt ins **Kanu** um. Zu empfehlen sind geführte Touren über das Wasser, weil man dabei erklärt bekommt, was man sieht (z. B. Gecko Canoeing, Tel. 1800/63 43 19 oder 08/89 72 22 24, www.geckocanoeing.com.au).

Tipp

Stars unter Sternen

Unter meist wolkenlosem Himmel, bei lauer Seeluft, in bequemen Liegestühlen und mit einem Drink in der Hand Spielfilme gucken – das Deckchair Cinema am Hafen von Darwin macht's möglich. 350 Sitze laden zum relaxten Kinobesuch vor der malerischen Kulisse ankernder Schiffe ein. Snacks darf man mitbringen, Alkohol gibt's an der Bar, und wer ein Kissen dabei hat, sitzt zweifellos bequemer.
Tgl. ab 6.30 Uhr, April–Nov., Jervois Rd., Darwin Wharf Precinct, aktuelles Filmprogramm auf Anfrage: Tel. 08/89 81 07 00, www.deckchaircinema.com

Ganz relaxt: Abendstunden am Mindil Beach

VERANSTALTUNG Jährlich im Mai strömen die Leute von weit her zum **Katherine Country Music Muster.** Drei Tage lang (Fr.–So.) unterhält Live-Musik am Katherine Museum (Gorge Rd.), wie Aussies sie mögen: laut, volkstümlich und zum Mitsingen.

UNTERKUNFT Durchreisende und Parkbesucher finden eine ordentliche Auswahl an Unterkünften vor, die meisten im Mittelklasse-Bereich.
€ **Springvale Homestead:** Das Gelände am Fluss dient heute in erster Linie touristischen Zwecken mit Campingplatz, Gästezimmer, Restaurant und Swimmingpool (Tel. 08/89 72 13 55).

UMGEBUNG Auch der **Nitmiluk National Park** lädt nur in der trockeneren Jahreszeit (Mai bis Sept.) zum Besuch ein. Dann ist der Katherine River schiffbar und man kann auf dem Wasserweg die aufregende **Katherine Gorge** TOPZIEL kennenlernen. Die senkrecht abfallende, aufregende Sandsteinschlucht ist in 13 Abschnitte unterteilt. Die meisten Ausflugsboote kehren bereits am zweiten um, der zugegebenermaßen für die Kamera am meisten hermacht. Das rasante Jetboat schafft es bis zum dritten Teil der Schlucht. Von Katherine sind es ca. 30 km auf asphaltierter Straße bis zum Flussufer und zur Anlegestelle der Boote. Wer im Frischwasser der **Leliyn/Edith Falls** baden will, muss 40 km nördlich der Stadt auf dem Abzweig vom Stuart Highway zum Park vordringen.

INFORMATION
Katherine Visitor Centre
Ecke Stuart Hwy./Lindsay St.
Tel. 08/89 72 26 50, www.visitkatherine.com.au
Nitmiluk Centre
Gorge Rd., am Katherine River,
unweit der Bootsanlegestellen, Tel. 08/89 73 88 88, tgl. 8.00–18.00 Uhr, (Auskünfte zu Wanderungen und Kanu-Trips direkt vor Ort und aus erster Hand, lehrreiche Ausstellung zur Natur im Park)

Nicht versäumen!

NATUR

Auge in Auge mit dem Krokodil?
Keine Bange, alle Crocs – und davon gibt es in dem Crocodylus Tierpark ein paar Hundert – sind sicher in ihren Gehegen verwahrt. Ein besonderes Schauspiel bieten die täglichen Fütterungen.

Siehe Nr. 01

KULTUR

Aborigines-Kunst vom Feinsten
... bietet das Museum & Art Gallery of the Northern Territory. Es soll aber Besucher geben, die nur wegen „Sweetheart" hierkerkommen. Das ausgestopfte Krokodil misst stattliche fünf Meter und wurde 1979 zwischen Darwin und dem Kakadu National Park gefangen.

Siehe Nr. 01

ERLEBEN

Durchatmen in tropischer Hitze
Spritzige Wasserfälle und krokodilfreie Naturbecken, beschattet von üppigem Regenwald, bringen Erfrischung im Litchfield National Park. Imposant sind die Bauten der Magnettermiten, die innen unterkühlt sind.

Siehe Nr. 01

NATUR

Schlichtweg eine Wucht
Im größten Nationalpark Australiens, dem Kakadu National Park, sind tiefe wasserführende Schluchten Lebensraum zahlloser Tier- und Pflanzenarten. Ein Naturparadies, das nicht nur den Ureinwohnern am Herzen liegt.

TOPZIEL Siehe Nr. 03

AKTIV

Tolles Terrain für Kanu-Trips
Sehr steil ragen die Sandsteinwände der Schlucht aus dem Wasser des Katherine River. Per Kanu kann man tief in die ansonsten unzugängliche Wildnis vordringen, vorbei an immer neuen Szenerien in der Flusslandschaft.

TOPZIEL Siehe Nr. 04

Der wilde Westen boomt

Western Australia erfreut sich wachsender Beliebtheit, als Wahlheimat und Wirtschaftsstandort ebenso wie als Urlaubsziel. Sonniges Klima und genug Platz für alle bewirken einen ungemein entspannten Lebensstil. Dank schneller Flugverbindungen und gut ausgebauter Landstraßen haben die gewaltigen Entfernungen im größten Bundesstaat Australiens an Schrecken verloren. Umso mehr locken die unverdorbenen Landschaften mit faszinierenden Naturwundern und endlosen Traumstränden, die jeden Abend aufs Neue einen glühenden Sonnenuntergang verheißen.

Urbanität in entlegenem Gebiet: Wirtschaftszentrum Perth

01 *Kings Park und Botanischer Garten gewähren schöne Blicke über Perth*

02 *Wolkenkratzer bestimmen die Skyline der sonnigen Großstadt Perth*

Es ist noch nicht so lange her, da lag der Westen ganz einfach auf der falschen Seite des Kontinents: Während das koloniale Australien an der Ostküste aufblühte und dichter besiedelt wurde, blieb das weite Land jenseits der damals noch unüberwindbaren Wüstenei so gut wie menschenleer. Im 17. Jahrhundert hatten zwar die Holländer die Westküste bereits als Erste entdeckt, doch schnell jegliches Interesse an dem vermeintlichen Ödland verloren.

Die Erde voller Reichtümer

Gegen Ende des 19. Jahrhunderts schließlich kamen sie in Scharen, Goldsucher, die von unermesslichen Funden zwischen Kalgoorlie und Coolgardie gehört hatten. „The Golden Mile" geriet zum größten

Westaustralien, die Schatzkammer der Nation, ist selbstbewusst

Goldproduzenten der Welt – vorübergehend, denn bald ließ die Ausbeute nach und der inzwischen als Western Australia angeschlossene Bundesstaat verkam erst einmal wieder zur verschlafenen Provinz. Heute trägt „The Golden Mile" immerhin noch gut die Hälfte zur Goldförderung auf dem Kontinent bei. Doch wirtschaftlich bedeutender wurden Bodenschätze wie Eisenerz, Bauxit, Mangan, Nickel, Erdgas und Erdöl. Gewaltige Vorkommen unter der Erde haben Westaustralien schließlich als Schatzkammer der Nation wohlhabend und selbstbewusst gemacht. Inzwischen sprechen Wirtschaftsexperten nicht mehr von einer boomenden, sondern von einer „kochenden Ökonomie" im entlegenen Westen.

Erste Adresse am Swan River

Perth ist die Hauptstadt von Western Australia und stolz auf die Schwarzen Schwäne, die sich unbehelligt an ihrem Flussufer tummeln. Der holländische Entdecker Willem de Vlamingh machte sie hier 1697

03 *Maritime Museum, Fremantle*
04 *Tag und Nacht belebt: Cafés in Fremantle*

01

02

03

Unterwasser-wunderwelt

Farbenprächtige Korallenriffe, erfüllt von bunt schillernden Fischschwärmen, nur wenige Schwimmzüge vom Strand entfernt. So etwas gibt es nur noch selten. Westaustraliens türkisblaues Tauch- und Schnorchelparadies liegt gleich vor der Coral Coast, dort wo der südliche Wendekreis des Steinbocks (Tropic of Capricorn) die Subtropen von den Tropen trennt.

Vom Tauchboot ins Wasser zu gleiten ist wie in die Badewanne zu steigen. Denn der Indische Ozean ist hier um die 27 °C warm und behaglich seicht, kaum eine Welle schwappt ins Gesicht. Wer abtaucht zu den üppigen Korallengärten, muss auf gigantische Meeresbewohner gefasst sein: Etwa 13 Meter misst der Walhai. Der größte Fisch überhaupt sieht nicht gerade aus wie ein Kuscheltier, ist aber völlig harmlos und anrührend scheu. Er ernährt sich von Plankton und anderen Kleinstlebewesen. Deshalb bescheren ihm die Vollmondnächte im März und April jährlich ein Festmahl. 250 Korallen- und 520 Fischarten leben vor der Coral Coast. Wie schwarze Schatten dahingleitende Mantarochen gehören dazu, aber auch Buckelwale, die hier zwischen Juni und November prall aus den Fluten auftauchen. Korallen sehen zwar aus wie Unterwasserpflanzen, sind aber Nesseltiere mit Polypengestalt. Ihre kalkhaltigen Röhren verwachsen im Verlauf von Jahrtausenden zu gewaltigen Riffen.

Unterwegs zum Tauchparadies Ningaloo Reef

Die Meereswelt am Ningaloo Reef ist zweifellos intakter als die weitaus größere Korallenlandschaft am Great Barrier Reef im Osten des Kontinents.

ausfindig und taufte den Fluss Swan River. Nur folgerichtig, dass der „Black Swan" zum Wappentier des Bundesstaates gekürt wurde und als solches die Flagge von Western Australia ziert. Viel zu lange hat Perth als „entlegenste Großstadt der Welt" gedarbt. Jetzt feiert sie ihren kometenhaften Aufstieg zur Boomtown des Landes. Das rasante Wirtschaftswachstum liegt weit über dem Durchschnitt und nirgendwo sonst in Australien leben mehr Millionäre pro Quadratkilometer. Die Bevölkerungszahl von Perth steigt sprunghaft an: Das australische Amt für Statistik geht von einer Verdoppelung der heute 1,5 Mio. Einwohner bis 2050 aus, was die gesamte Infrastruktur umkrempeln würde. Noch muss die Stadt allenfalls bei einigen wenigen Großereignissen einen wahren Menschenandrang bewältigen – so beim jährlich im Sommer stattfindenden UWA Perth International Arts Festival.

Kunststücke der Natur

Auf dem Weg durch die monotone Weite bringt immer mal wieder die Landschaft den Reisenden zum Staunen. Zum Beispiel im Nambung National Park, wo bis zu vier Meter hohe Kalksteinsäulen aus goldgelbem Dünensand aufragen. Selbst Wissenschaftler schütteln angesichts der Pinnacles Desert weiterhin den Kopf. Denn wie genau die bizarre Landschaft entstanden ist, weiß keiner. Nur dass der Kalkstein von uralten Meeresablagerungen stammt und zur gefügigen Modelliermasse für Wellen, Wind und Wetter wurde, weil sich im Laufe der Erdgeschichte unterschiedliche Härten herausgebildet hatten. Ca. 350 km von der Küste entfernt, bei Hyden, hat die Erosion mit weicheren Schichten im Untergrund leichtes Spiel gehabt und den gewaltigen Wave Rock geschaffen: eine steinerne Riesenwelle begann sich vor ca. 2700 Millionen Jahren aufzubäumen. Im Norden des Bundesstaats dagegen zeugen die schwarz-gelb gestreiften Sandsteinhügel der Bungle Bungle Range im Purnululu National Park von erodierenden Turbulenzen aus Millionen Jahre währender Erdgeschichte. Der empfindliche Sandstein wäre vermutlich längst zerbröckelt, wenn nicht der feste Überzug aus dunklen Flechten und heller Kieselerde Halt geben würde. Bekannt wurde die Farborgie der Natur übrigens erst 1982, durch Filmaufnahmen aus der Luft.

28 Jahre zuvor hatten Geologen das Rätsel um den Hamelin Pool an der Shark Bay gelöst und dabei die ältesten Lebewesen auf der Erde entdeckt: Kolonien von im seichten Salzwasser blubbernden Mikroben, sogenannte Stromatolithen – eine Sensation!

Delfine zum Frühstück

Knietief steht der Ranger im Wasser, in der Hand einen Eimer mit vielen kleinen Fischen drin. Die Fütterung der Delfine kann beginnen. Immer vormittags, von ca. 7 Uhr an, tauchen vor dem weißen Strand von Monkey Mia keilförmige Rückenflossen auf: Keine angriffslustigen Haie drehen hier ihre Runden, sondern hungrige, aber friedliche Delfine vom Typ „Großer Tümmler" (Bottlenose dolphin) – einige haben sogar ihre Jungen dabei. Der Ranger zeigt den Besuchern am Strand, wie man´s macht. „Das Futter hinten an der Schwanzflosse fassen und unter Wasser mit ausgestreckter Hand den Delfinen hinhalten. Bitte nicht streicheln, die Haut ist sehr empfindlich!" Schnapp, und weg ist der Fisch. Ganz vorsichtig, allenfalls mit einem zärtlichen Stups, fressen die Tümmler aus der Hand. Eine gewisse Mrs. Watts, Ehefrau eines passionierten Hochseeanglers, war die Erste, die sich an der Shark Bay mit den Delfinen anfreundete und ab 1964 die Tiere hier regelmäßig fütterte. Um die 300 Tümmler leben in der Bucht. Zum Frühstück kommen immer nur ein paar, meist dieselben, von den Rangern „Nicky", „Puck" oder „Piccolo" genannt. Sie sind nicht gezähmt, aber ohne Scheu vor den Menschen, von denen sie hier noch nichts Böses erfahren haben.

01 *Karge Landschaft: Inseln vor Kimberleys Küste*
02 *Delfinfütterung in Monkey Mia*
03 *Per Boot lässt sich Kimberleys Küste erkunden*

01

02

03

Coral Bay ist ein guter Ausgangspunkt für Tauch- und Schnorchelausflüge.

01 *Pinnacles im Nambung National Park*
02 *Schnorcheln, Tauchen, Delfine füttern: vielseitige Angebote am Indischen Ozean*
03 *Traumstrand Coral Bay: tiefblaues Wasser und weißer Sandstrand*

01 *Tree Top Walk im Valley of the Giants*
02 *Lohnt den Abstecher von der Gibb River Road: Mitchell Falls*

SPECIAL Perlenzucht

Vom Perlmutt zur Perle

Reiche Austernvorkommen vor der nordwestaustralischen Küste haben Broome bereits zu Beginn des 20. Jahrhunderts als Perlen-Metropole weltbekannt gemacht. Doch erst die in Japan entwickelte Technik der Perlenzucht bescherte der Küstenstadt einen ebenso einträglichen wie krisensicheren Wirtschaftszweig.

Heutzutage muss niemand mehr nach Austern tauchen, um auf eine Perle zu stoßen. Zuchtbetriebe manipulieren die edlen Muscheltiere durch das Implantieren eines Fremdkörpers, um viele und möglichst kugelrunde Kostbarkeiten aus Perlmutt ernten zu können. Der Eingriff ist keine Operation am offenen Herzen, aber so diffizil, dass nur wenige Experten – die meisten stammen immer noch aus Japan – die Kunst beherrschen. Es kann Jahre dauern, bis die Perlen herausgebildet werden. Oft auch wird der Fremdkörper abgestoßen, dann war alle Arbeit umsonst. Röntgenaufnahmen kontrollieren das Wachstum der Perlen, doch wie die letztendlich beschaffen sind, zeigt sich erst beim Öffnen der Austern: Unregelmäßig geformte, die „Baroques", bringen nicht viel ein. Doch sogenannte „half pearls" gefallen. Die Perlmutt-Halbkugeln werden aus dem Innern der Austernschale geschält und von Goldschmieden in Broome zu aparten und bezahlbaren Schmuckstücken verarbeitet. Industriell gefertigte – also unechte – Perlen dürfen nicht als „South Sea Pearls" in den Handel. Wer den Test machen will, reibt die Perlmuttoberfläche an den Zähnen: Es fühlt sich hart und rau an? Dann ist die Perle echt!

Gleichmäßige, runde Perlen sind am wertvollsten

Auch Broome boomt

Die einsame Stadt am Indischen Ozean hat es tatsächlich geschafft: erst Perlen-Zentrum, jetzt Touristen-Metropole. Dabei hatte selbst der Namensgeber Sir Frederick Napier Broome keinerlei Vertrauen in diesen Ort: „Nicht mehr als drei Gräber und ein paar Umherziehende", das war im 19. Jahrhundert auch Down Under nichts, worauf man stolz sein konnte. Perlentaucher schließlich sorgten für Aufschwung. Nicht immer freiwillig, denn viele Aborigines wurden gezwungen, ohne Ausrüstung auf dem Meeresgrund nach den seltenen Preziosen zu suchen. Später erledigten vor allem japanische Taucher die lebensgefährliche Arbeit. Viele kamen dabei um, einige Hundert ruhen auf dem japanischen Friedhof der Stadt. Doch Touristen dringen nur ab und an mal vor in die spannende Historie der Küstenstadt, deren multikulturelle Atmosphäre eher asiatisch denn westlich geprägt ist. Es lockt vor allem der berühmte Cable Beach. Der feinsandige Prachtstrand heißt so, weil hier von 1889 an die einstige Telegrafenleitung nach Südasien verlief.

Wer auf den Ruf der Wildnis hört, kehrt bald den mondänen Hotels am Cable Beach den Rücken, um sein Abenteuer in der dünn besiedelten Wildnis der Kimberley Ranges zu suchen.

03 *Baobab Tree bei Derby: die Stämme speichern große Mengen Wasser für Trockenzeiten*

04 *Gigantische Dimensionen: Karri-Baumriesen bei Walpole*

01
02
03
04
05
PERTH
Fremantle
Mandurah
Bunbury
Geographe Bay
C. Naturaliste
Busselton
Augusta
C. Leeuwin
Flinders Bay
D'Entrecasteaux Nat. P.
Walpole
Bald Head
Albany
Mount Barker
Manjimup
Bridgetown
Collie
Kojonup
Darling Ra.
Williams
Narrogin
Wagin
Lake Grace
Kulin
Northam
Goomalling
Merredin
Southern Cross
Koolyanobbing
Coolgardie
Kalgoorli
The Johnston Lakes
F. Hann N. P.
Ravensthorpe
Jerramungup
Stirling Ra. N. P.
1110
Fitzgerald River Nat.P.
C. Knob
Esperance Bay
Esperance
Salmon Gums
Norseman
L. Dundas
Dundas Nat. Res.
L. Cowan
L. Lefroy
Balladonia Motel
Tower Pk. 524
Cape Arid Nat.P.
Israelite Bay
Cape Pasley
Archipelago of the Recherche
Pt. Culver
Nuytsland Nat. Res.
Twilight Cove
Eucla Basin
Eucla Motels
Nullarbor N. P.
Great Australian Bight
5428
Zanthus
Rawlinna
Loongana
Deakin
Nullarbor Plain
Cundeelee Abor. Land
L. Rebecca
L. Minigwal
Plumridge Lakes
Jubilee L.
Great Victoria Desert Nat. Res.
Great Victoria Desert
Menzies
Leonora
L. Carey
Laverton
Cosmo Newbery Mission
Agnew
Yeo L.
Nat. Res.
Nat. Res. Neale Junction
Abor. Land
Sandstone
Mount Magnet
Paynes Find
L. Moore
L. Barlee
Mongers L.
Yalgoo
Dalgaranga Hill 652
Wubin
Pithara
Moora
Badgingarra
Cervantes
Eneabba
Dongara
Geraldton
Morawa
Mullewa
Northampton
Ajana
Kalbarri Nat.P.
Twin Peaks
Geelvink Chan.
Zuytdorp Cliffs
Overlander Roadhouse
Denham
Dirk Hartog I.
Shark Bay
Francois Peron N.P.
Wooramel Roadhouse
Carnarvon
Gascoyne Junction
Geographe Channel
Mt. Hale 732
Mt. Gascoyne 789
Mt. Augustus 1105
Kennedy Range N.P.
North West MacLeod Basin
L. MacLeod
Meekatharra
L. Austin
Wiluna
L. Way
L. King
L. Carnegie
L. Burnside
Herbert Wash
L. Gillen
L. Wells
Warburton
Mt. Talbot 623
Mt. Squires 705
Tomkinson Ras.
Mt. Sir Thomas 772
Mt. Cockburn 1138
Stevensons Peak 1319
Uluru N. P.
Aboriginal Land
Petermann Abor. Land
Austr L. Hopkins
Western Australia
Gibson Desert
Gibson Desert Nat. Res.
Mt. Madley 534
Kumarina Roadhouse
Collier Ra. Nat. P.
Newman
Hamersley Range Nat. P.
Hamersley Range
Mt. Frederick 1235
Paraburdoo
Mt. Palgrave 700
Nanutarra Roadhouse
Pilbara
Onslow
Exmouth
North West C.
Millstream Chichester N. P.
Mary Anne Passage
Barrow I.
Montebello Is.
Dampier Archipelago
Dampier
Roebourne
Wittenoom
Marble Bar
Yandeearra Abor. Land
Nullagine
Rudall Riv. Nat. P.
Walagunya Abor. Land
Jiggalong Abor. Land
L. Disappointment
L. Dora
L. Blanche
Telfer
820
Port Hedland
Larrey Pt.
Wallal Downs
Sandfire Flat Roadhouse
La Grange
Broome
Great Sandy Desert
Rowley Shoals
7450
Scott Reef
Sahul Shelf
Admiralty Gulf
Bonaparte Archipelago
York Sound
Heywood Is.
Buccaneer Arch.
C. Leveque
Sunday Strait
Beagle Bay Abor. Ld.
Collier Bay Abor. Ld.
Derby
Kimberley
King Leopold Ras.
Mt. Ord 937
Mt. Bedford 914
Mt. Hann 779
Abor. Land
Fitzroy Crossing
Halls Creek
Nicholson
Wyndham
Kununurra
L. Argyle
Kalumburu
Forrest Riv. Abor. Ld.
C. Londonderry
Joseph Bonaparte Gulf
Balwina Abor. Land
L. White
L. Mackay Abor. Land
L. Mackay
Central L. MacDonald
Haasts Bluff Abor. Land

Und immer lockt der Strand

Im Westen nichts Neues? Neu ist allerdings, dass an der entlegenen Seite des Kontinents immer mehr Touristen den ca. 3000 km langen Küsten-Highway als verlässlichen Weg zur Sonne entdecken. Zwischendurch wird die lange Fahrt auf scheinbar endlosem Asphaltband angenehm unterbrochen: von hübschen Weingütern, erstaunlichen Naturphänomenen, fotogenen Sonnenuntergängen und von Perth.

01 PERTH

Die entlegene Hauptstadt des Bundesstaates Western Australia verwöhnt mit sonnigem Wetter und urbanen Annehmlichkeiten. Nichts in der dicht bebauten, gut gelaunten City lässt erahnen, dass nur wenige hundert Kilometer außerhalb leere Wüstenei beginnt. Vielmehr entführt der zur Mündung hin expandierende Swan River zu weiß gelackten Yachthäfen vor luxuriösen Wohnvierteln, um sich bei Fremantle in den Indischen Ozean zu ergießen. „Freo“, wie der lebenslustige Vorort von Perth genannt wird, fungiert erst seit Ende des 19. Jh.s als Seehafen. Zuvor wurden Kalkstein- und Sandbänke vor der Flussmündung entfernt.

SEHENSWERT Im faszinierenden **Aquarium of Western Australia** im Norden der Stadt lässt ein knapp 100 m langer, durchsichtiger Unterwassertunnel Mantarochen, Haie und Meeresschildkröten die Besucher umkreisen. Ein tolles Erlebnis, nicht nur für Kinder (Hillarys Boat Harbour, West Coast Dr., Hillarys, tgl. 10.00–17.00 Uhr).

Viele halten **Fremantle** für die Hauptattraktion von Perth. Tatsächlich hat der Vorort am Hafen (ca. 19 km südl.) eine Menge zu bieten – auch abends, wenn die Lokale auf der South Terrace noch lange nicht zur Ruhe kommen. Am Wochenende locken zusätzlich die **Fremantle Markets** unter dem Dach der 1897 eröffneten **Victoria Market Hall** (Fr.–So.) auf die Hauptflaniermeile im Zentrum. Wer sich für die spannende Historie der Hafenstadt interessiert, sollte nicht am ursprünglich 1831 als Gefängnis errichteten **Round House** (10 Arthur Head Rd., tgl. 10.00–15.30 Uhr) vorbeigehen und auch in das **Arts Centre and History Museum** (Ecke Ort/Finnerty St., tgl. 10.00–17.00 Uhr) reinschauen.

Alte Festung in Fremantle

MUSEEN Die kulturellen Attraktionen der Stadt konzentrieren sich im Perth Cultural Centre: In der **Art Gallery of Western Australia** ist die Sammlung mit Aborigines-Kunst hervorzuheben, das **Perth Institute of Contemporary Art** (ab 9.30 Uhr) geht mit zeitgenössischer Kunst mutige Wege und das **Western Australian Museum** (tgl. 9.30–17.00 Uhr) vereinigt abwechslungsreiche Ausstellungen zu Natur und Geschichte in diesem Teil des Kontinents (Northbridge, James St. Mall, tgl. Führungen). Das Thema Seefahrt steht im Mittelpunkt des **Western Australia Maritime Museum** in Fremantle (ab 9.30 Uhr).

AKTIVITÄTEN Warum nicht Fahrräder mieten, um den 400 ha großen **Kings Park** mit den angeschlossenen **Botanic Gardens** zu erkunden? Die herrlichen Grünanlagen an den Hängen des Mount Eliza bescheren tolle Ausblicke auf Stadt und Fluss, vor allem vom **Kings Park Lookout** und vom **DNA Observation Tower** (Fahrradverleih am Parkplatz/Fraser Avenue oder in der Stadt: About Bike Hire, Ecke Plain St./Riverside Dr., Tel. 08/9221 2665).

An den **Barrack Street Jetties** beginnen Bootsausflüge auf dem **Swan River,** sowohl flussaufwärts – in die malerische Weinregion des **Swan Valley** mit rund 80, vielfach kleinen Kellereien rund um das historische Dörfchen Guildford –, als auch flussabwärts zum Hafen von **Fremantle** (z. B. Captain Cook Cruises, Tel. 08/93 25 33 41, www.captaincookcruises.com.au). Auch die Fähren zu den schönen Stränden der nur 18 km entfernten Ferieninsel **Rottnest Island** legen hier ab (Bailey's Marine Group, Tel. 08/94 21 58 88, www.rottnestexpress.com.au).

VERANSTALTUNG Jawohl, das älteste Kultur-Event der Südhalbkugel findet im jungen Westen statt: Beim **UWA Perth International Arts Festival** mischen sich im Februar drei Wochen lang Konzert, Theater, Ballet, Musical, Film und Ausstellungen mit vielen Straßenkünstlern und anderen Open-Air-Darbietungen (www.perthfestival.com.au, Tel. 08/64 88 20 00).

HOTEL €€ The Sebel Residence, 60 Royal St., Tel. 08/92 23 25 00, www.mirvachotels.com.au. Der schicke Apartment-Komplex mit diversen Restaurants befindet sich flussnah am östlichen Rand der Innenstadt. Die großzügigen Zimmer bzw. Suiten bieten Kochgelegenheit, die meisten schöne Blicke auf den Swan River. 57 Zi.

RESTAURANTS €€ Twisted Fork, 3 Glyde St., Tel. 08/93 85 38 54. Das Aroma nordafrikanischer Würze erfüllt das unspektakuläre Bistro in

Tipp

Speis und Trank

Weinselig machen viele Kellereien in und um **Margaret River.** Einige betreiben nebenher ein Restaurant und servieren ein delikates Essen, in der Regel als Lunch. Die Hauptgerichte beginnen jeweils bei 30 A$: Im **Voyager Estate** nehmen die Gäste im gediegenen Speisesaal unter Kronleuchtern an blank polierten Holztischen Platz. Südafrikanische Atmosphäre in Westaustralien, fantasievolle Küche, tolle Weine (Stevens Rd., www.voyagerestate.com.au). Die Architektur von **Leeuwin Estate** setzt auf kühle Eleganz. Die Weine sind preisgekrönt wie das Restaurant, Margret River (Stevens Rd., www.leeuwinestate.com.au). **Vasse Felix** war das erste kommerzielle Weingut der Region. Weder das anspruchsvolle Menü noch die umfangreiche Weinkarte enttäuschen. Toller Blick über weite Rebenfelder vom Obergeschoss des lichtdurchfluteten Restaurants (Cowaramup, Ecke Caves/Harmans Rd South, www.vassefelix.com.au).

dem angesagten Stadtteil Mosman Park zwischen Swan River und Indischem Ozean, ca. 14 km vom Zentrum entfernt. Die Küche ist schnell, der Service ausgesprochen freundlich.

€ **Cicerello's,** 44 Mews Rd., Fremantle, Tel. 08/93 35 19 11. Traditionsreiches Fish'n-Chips-Restaurant (seit 1903). Man isst drinnen am Tisch, bei schönem Wetter lieber draußen auf einem der Picknickplätze am Wasser. Lunch und Dinner.

UMGEBUNG 260 km nördlich von Perth, wo die Distanzen zwischen den Ansiedlungen spürbar größer werden, lohnt die bizarre Dünenlandschaft der Pinnacles Desert im **Nambung National Park** TOPZIEL einen Abstecher vom Highway. Auch ohne Geländewagen kann man auf der 5 km langen Sandpiste hindurchfahren, sehr schön früh morgens oder im weichen Licht der untergehenden Sonne. Unterkünfte und Restaurants befinden sich nur 20 km nördlich in der Ortschaft **Cervantes.** Eigentlich paradox, die Küste 35 km hinter sich zu lassen, um am **Wave Rock** auf dem Trockenen zu landen. Aber die scheinbar zu Granitfels erstarrte Riesenwelle bei Hyden ist mit 15 m Höhe und 110 m Länge ein echter Hingucker und einzigartiges Fotomotiv. Denn austretende Mineralien bewirken illustre Farbenspiele zu verschiedenen Tageszeiten.

Rund 320 km südlich recken bei Walpole die Bäume im **Valley of the Giants** ihre Stämme bis zu 90 m hoch in den Himmel.

Tipp

Karawane zur Sonne

Am Ende der Tour kriegt jedes der Kamele in der Regel eine Möhre zu fressen. Egal ob die Touristen auf ihrem Höcker einen sensationellen Sonnenuntergang erlebt haben oder nicht. Am Cable Beach enttäuscht das allabendliche Naturschauspiel außerhalb der Regenzeit zwar selten, aber garantieren können die Veranstalter der Camel Safari nichts. Und so zieht die ganze Karawane am späteren Nachmittag hoffnungsvoll durch den weichen Sand: im Passgang die Dromedare hintereinander mit Appetit auf frisches Gemüse und obendrauf schwankende Touristen, den Horizont am Indischen Ozean fest im Auge. Nachdem die Vorfahren der australischen Kamele mit zunehmender Motorisierung als Lastentiere ausgedient hatten, wurden viele in den Wüsten des Outback sich selbst überlassen. Heute leben ca. 300 wilde Kamele auf dem Kontinent, bedeutend mehr als noch vor zehn Jahren.

Einstündiger Camel Sunset Ride 45 A$, Broome Camel Safaris, Tel. 041/991 61 01, www.broomecamelsafaris.com.au

INFORMATION
Western Australia Visitor Centre,
Ecke Forrest Place/Wellington St., Perth,
Tel. 08/94 83 11 11 od. 1800 81 28 08,
www.westernaustralia.com,
www.experienceperth.com

02 MARGARET RIVER

Die überschaubare Region um Margaret River lässt alle Reize spielen, um in die Landschaft nach Südosten zu entführen.

SEHENSWERT An der Küste schwören ambitionierte Surfer auf die Wellen zwischen **Yallingup** und **Cape Leeuwin.** Ruhige Strandabschnitte zum Schwimmen findet man eher bei den populären Seebädern **Busselton** und **Dunsborough.** Nur wenige Kilometer landeinwärts ebnet die Cave Road überirdisch den Weg zu unterirdischen Abenteuern: ein paar Hundert Tropfsteinhöhlen reihen sich hier aneinander, einige sind zu besichtigen, eine besondere Faszination übt die farbig illuminierte **Jewel Cave** (tgl. Führungen 9.30-16.00 Uhr) nördlich von Augusta aus. Noch weiter weg von dem starken Stück Küste lockt die Siedlung **Margaret River** selbst mit exzellenten Weingütern in schönster Umgebung.

VERANSTALTUNG Besucherströme müssen alljährlich im Mai durchgeschleust werden, beim **Margaret River Wine Region Festival.**

INFORMATION
siehe Perth

03 MONKEY MIA

Wieder ein längerer Abstecher vom küstennahen North West Coastal Highway, aber diesmal einer, der mit einem tierischen Erlebnis belohnt: Im stillen Wasser der Shark Bay kommen beinahe nach Stundenplan wilde Delfine zum Strand, um Menschen aus der Hand zu fressen. Die Bucht liegt im Süden des berühmten Ningaloo Reef, wo Taucher und Schnorchler von farbenprächtigen Korallengärten und schillernden Fischschwärmen in beinahe lauwarmem Wasser schwärmen.

SEHENSWERT Im **Hamelin Pool** haben die ältesten Lebewesen Zeitalter überdauert – und blubbern nur so vor sich hin: Mikroben bilden hier Kalkablagerungen. Erläuternde Ausstellungen bietet die alte **Telegraph Station** (tgl. 8.30–16.30 Uhr) nebenan (ausgeschildert an der Straße nach Monkey Mia). Nur etwas weiter nördlich schmückt der 60 km lange **Shell Beach** mit Millionen weißer Herzmuschel-Schalen die Shark Bay. Früher als Baumaterial genutzt, dienen die Schalen heute als Kalzium-Zusatz für Hühnerfutter.

AKTIVITÄTEN Zwei- bis dreimal tgl. erfolgt in Monkey Mia die **Fütterung der Delfine** unter Aufsicht am Strand vor dem DEC Dolphin Information Centre (Tel. 08/99 48 13 66).

HOTEL €€€/€ **Monkey Mia Dolphin Resort,** Monkey Mia Rd., Tel. 08/99 48 13 20 oder 1800 65 36 11, www.monkeymia.com.au. Aus dem Bett und gleich auf den Strand fallen, um den Delfinen ihr Frühstück auszuhändigen, gehört in dem Resort zum Alltag. Der Anlage mit Restaurants und Cafés ist auch ein Campingplatz angeschlossen.

UMGEBUNG Etwa 150 km nördlich beginnt das **Ningaloo Reef** TOPZIEL, dessen Korallengärten sich von Coral Bay bis zum North West Cape erstrecken, eine märchenhafte, ca. 260 km lange Unterwasserwelt dicht vor der Küste. **Coral Bay** und **Exmouth** – die beiden Seebäder stehen als Ausgangspunkte für Tauch- und Schnorchel-Ausflüge zur Wahl. Während Coral Bay im Süden sich vor allem Familien mit Kindern empfiehlt, weil das Wasser warm und durch das nahe Riff geschützt ist, sind sportlich Ambitionierte besser in Exmouth aufgehoben, wo der Weg zum spektakulären Outer Reef kürzer ist. Für alle möglichen Aktivitäten sowohl unter wie auf dem Wasser ist in beiden Orten gesorgt. Zwischen März und Juni bekommt man weit vor der Küste bis zu 18 m lange, aber harmlose Whale Sharks (Walhaie) zu Gesicht. Gut 400 km östlich liegt der **Karijini National Park** mit seinen Schluchten.

INFORMATION
Information Centre im kleinen Shopping Centre
Coral Bay, Tel. 08/99 42 59 55
Visitor Centre, Murat Rd., Exmouth,
Tel. 08/99 49 11 76, www.australiascoralcoast.com

04 BROOME

Die meisten Besucher der tropischen Küstenstadt landen weich am Cable Beach ➊ TOPZIEL, wo sich luxuriöse Hotel- und Appartement-Anlagen breitmachen.

SEHENSWERT Nur im 6 km entfernten Zentrum an der mangrovengesäumten **Roebuck Bay** ist etwas von der exotischen Atmosphäre aus den frühen Tagen der Perlenfischer erhalten. Hier lädt Chinatown mit seinen kleinen Läden in geduckten Häusern zum Bummeln ein, öffnen Kneipen und Musik-Lokale, sobald der Abend ein wenig Kühlung bringt. Kaum ein Tourist, der nicht mindestens eine preiswerte Süßwasserperle als Souvenir mit nach Hause nimmt, so überwältigend ist das Angebot in den zahlreichen Geschäften.

MUSEEN Hier wandelt man auf den Spuren der Perlentaucher: **Pearl Lugger Museum** mit zwei restaurierten Perlentaucherbooten im Wasser (31 Dampier Tce., Führung: Mo.–Fr. 11.00 u. 14.00, Sa., So. 11.00 Uhr), **Broome Historic Museum** mit seiner reichen Foto- und Dokumentensammlung (67 Robinson St., Mo.–Fr. 10.00–16.00, Sa., So. 10.00–13.00 Uhr), der **Japanese Cemetery** (Frederick St.) mit über 900 Gräbern.

VERANSTALTUNGEN Das **Shinju Matsuri** (Festival of Pearl) erinnert über 10 Tage im August mit japanischen Traditionen an die Perlen-Historie der Stadt (versch. Locations in Broome). **Staircase to the Moon** ist ein himmlisches Naturspektakel zwischen März und Oktober, wenn in der Roebuck Bay bei Ebbe besonders viel Meeresboden frei liegt und deshalb in klaren Nächten das Licht des aufsteigenden Vollmonds vom feucht-geriffelten Watt reflektiert wird. Als lebhafte Tribüne für die strahlende „Treppe zum Mond" fungiert der Town Beach mit einem Nachtmarkt und wohlriechenden Imbiss-Ständen.

Wilder Westen auch bei Derby

HOTELS Der Traumstrand Cable Beach ist wie geschaffen als Szenerie für feine Hoteladressen:
€€€ **Cable Beach Club Resort,** Tel. 08/91 92 04 00, www.cablebeachclub.com
€€€/€€ **Bali Hai Resort,** 6 Murray Rd., Tel. 08/91 91 31 00, www.balihairesort.com

RESTAURANT €€ **The Old Zoo Café,** 60 Hamerly St., Tel. 08/91 93 58 11. Am Cable Beach mit die beste Adresse, einfallsreiche Küche.

EINKAUFEN Die Auslagen der Juwelierläden glänzen vor Perlenschmuck und poliertem Perlmutt. Schön ist, was gefällt! Wegen des Überangebots sind die Preise günstiger als anderswo. Qualität aus eigener Zucht findet man u. a. bei **Paspaley Pearls** (2 Short St.; östl.), der ersten australischen Pearl Farm überhaupt, sowie auf der **Willie Creek Pearl Farm** (38 km nördlich von Broome, www.williecreekpearls.com.au), ein Outlet am Cable Beach (2 Challenor Dr., Old Zoo Complex).

INFORMATION
Visitor Centre, Ecke Broome Rd./Short St., Broome, Tel. 08/91 92 22 22, www.broomevisitorcentre.com.au

05 KIMBERLEY

Eine Region dreimal so groß wie England – doch in Kimberley leben vielleicht gerade mal 40 000 Menschen. Von Broome aus führt der Great Northern Highway nach Osten an die Peripherie der ungezähmten Wildnis.

SEHENSWERT Tiefer hinein sollte man sich nur mit 4WD und entsprechender Outdoor-Ausrüstung wagen – auch auf die unbefestigte **Gibb River Road,** die ab Derby über ca. 660 km mitten durch die Kimberleys verläuft und nach Regenfällen oft unpassierbar ist. Überhaupt eignet sich nur die Trockenperiode von Mai bis November für Ausflüge abseits des Highway. Dort trifft man auch auf die **Baobab Trees** (Affenbrotbäume) mit ihren breiten Stämmen.
Selbst der beliebte **Purnululu National Park** mit seinen Bungle-Bungle-Hügeln wird während der Regenzeit für Besucher gesperrt. Dann führen allenfalls Rundflüge das Naturphänomen vor Augen (ab Broome z. B. Northwest Regional Airline, Tel. 08/91 92 13 69). Wer über kein 4WD-Fahrzeug verfügt, sollte sich auf jeden Fall geführten Landausflügen anschließen (z. B. Kimberley Adventure Tours ab Broome, 08/91 91 26 55, 1800 08 33 68, www.kimberleyadventures.com.au).

INFORMATION
siehe Broome

Nicht versäumen!

ERLEBEN

Schnuckeliger Vorort
Fremantle hat das gewisse Etwas. Abends ausgehen, in den Restaurants am Wasser fangfrischen Fisch schlemmen, tagsüber vom Straßencafé aus dem geschäftigen Treiben auf der South Terrace zuschauen ...

Siehe Nr. **01**

NATUR

Von feierlicher Stimmung
Im Nambung National Park ragen karge Kalksteinsäulen hoch aus dem Dünensand. Frühmorgens und bei Sonnenuntergang stimmen Farben- und Schattenspiele die Mondlandschaft geradezu feierlich.

➊ TOPZIEL Siehe Nr. **01**

NATUR

Herrliche Unterwasserwelt
Der Rummel am Ningaloo Reef hält sich auch während der Schulferien in Grenzen hält. Paradiesische Zustände also für Taucher, Schnorchler und selbst für Nichtschwimmer, denen Glass Bottom Boats Unterwassererlebnisse bescheren.

➊ TOPZIEL Siehe Nr. **03**

AKTIV

Strand mit XL-Breite
Was für eine Verschwendung an Strand: 22 km lang und bei Ebbe so breit, als hätten sich die Wellen bis zum Horizont zurückgezogen. Der Cable Beach ist ein tolles Terrain für ausgedehnte Strandwanderungen.

➊ TOPZIEL Siehe Nr. **04**

NATUR

Schwarz-gelb geringelte Hügelketten
Die Wissenschaft hat keine überzeugende Erklärung für das Naturwunder namens Bungle Bungle Range im Südosten der Kimberley-Region. In der Regenzeit müssen Besucher draußen bleiben. Ein Grund, in die Luft zu gehen ...

Siehe Nr. **05**

GENUSS
in australischer Küche

Die Pubszene in Australien ist lebendig, Bier und Wein werden ausgeschenkt. Innovativ zeigt sich die „native Australian Cuisine“, während das Bush Tucker an Bewährtem festhält. Reichlich Tradition steckt auch in der großartigen Kaffee- und Frühstückskultur.

PUB

KOLONIALES ERBE
Pubs in Australien

Pubs gewähren stets einen guten Einblick in das Leben der jeweiligen Ortschaft, heißt es in Australien. Im 19. Jahrhundert war die Kneipe oft die erste öffentliche Baumaßnahme einer neuen Ansiedlung – noch vor der Kirche. Meist gehörte ein kleiner Kolonialwarenladen dazu – sowie einfache Fremdenzimmer, weshalb australische Gaststätten bis heute weit verbreitet als „Hotel“ geführt werden, obwohl meist längst kein Übernachtungsbetrieb mehr angeschlossen ist.

Strenge Gesetze – lose Sitten

Nicht überall wurde so hemmungslos Alkohol konsumiert wie in den berüchtigten Goldgräbersiedlungen, doch den Aussies eilt bis heute – nicht zu Unrecht – der Ruf als trinkfeste Zeitgenossen voraus. Dazu beigetragen haben sicherlich die von den Engländern übernommenen Trinkgewohnheiten und Alkoholvorschriften, die letztendlich nicht der Abstinenz dienten, sondern eher zu Exzessen führten. Wie dem berüchtigten „six o'clock swill“: Bis zur Sperrstunde um 18.00 Uhr blieb den Arbeitern gerade mal eine Stunde zum Kneipenbesuch, also floss das Bier in Strömen. Erst von 1955 an durften die Wirte länger ausschenken. Damit gipfelte kollektiver Alkoholmissbrauch vor allem am Wochenende im sogenannten „pub crawl“, wobei Angetrunkene in grölenden Gruppen von

An den ausschweifenden „friday nights“ halten vor allem die jüngeren Australier fest.

Lokal zu Lokal zogen. Das hat zwar ein Ende, seitdem Alkohol selbst in Supermärkten zu haben ist. Doch an den ausschweifenden „friday nights“ halten gerade die jüngeren Australier fest. Dann endet der Kneipenbesuch, insbesondere in ländlichen Gegenden, gerne mal mit Randale oder einer handfesten Schlägerei zwischen alkoholisierten Gästen.

Öffentlich, aber nur für Männer

Die Bezeichnung Pub – kurz für Public Bar oder Public House – täuscht darüber hinweg, dass traditionell und per Gesetz der Zutritt nur männlichen Gästen gestattet war – bis in die 1970er-Jahre. So lange mussten Frauen in der für sie reservierten „Ladies' Lounge“ nebenan Platz nehmen. Sie durften selbst keinen Alkohol am Tresen ordern, aber seit jeher als Bedienung dahinter arbeiten. Mit eben dieser Doppelmoral hat sich Generationen später die feministische Schriftstellerin Clare Wright in ihrem 2003 erschienen Buch „Beyond the Ladies Lounge“ (Melbourne University Publishing, 2003) eingehend auseinanderge-

CASCADE, ÄLTESTE BRAUEREI DES LANDES

Kleines Pub-Lexikon

Die australische Kneipe als Sprachinsel:

watering hole – populäre Kneipe im Ort
stubby – handliche Flasche Bier mit 375 ml Inhalt, nur „sissies“ (Weichlinge) trinken aus dem Glas
tinnie – Bierdose, die auch ohne Glas auskommen muss (s.o.)
jug – Bierkrug mit 1,14 l Inhalt für mehrere **mates** (Kerle)
pint – die 0,57 l Bier im Glas schafft ein „mate“ allein
half pint – 0,28 l genügen wiederum allenfalls **sissies** (s. o.)
draught – Bier vom Fass
lager – helles Bier
stout – Schwarzbier
coldie – das Bier noch kälter als eiskalt

Attraktive Restaurant- und Kneipenszene in Fremantle (Perth)

shandy – Mixgetränk aus Bier und Limonade, einst üblich in der Ladies' Lounge (s.o.)
shitfight – durch das Gewühl am Tresen einen Drink zu bestellen
counter meal – meist deftige Kneipen-Kost, wird am Tresen bestellt und auch abgeholt
smoko – wegen des Rauchverbots mit seiner Zigarette nach draußen gehen

MATSO'S CAFÉ UND BREWERY IN BROOME

setzt und herausgefunden, dass Barfrauen gar nicht so schlecht dran waren, gerade in viktorianischer Zeit unabhängiger und selbstbestimmter leben konnten als die meisten ihrer Geschlechtsgenossinnen. Noch heute hat die traditionelle Männerdomäne ihre ganz eigenen Rituale: Getränke werden an der Theke bestellt und prompt bezahlt, Bier wird eiskalt in der Flasche serviert und auch daraus getrunken. Wer zusätzlich ein Glas ordert, gilt vor allem in ländlichen Kneipen schnell als „sissy“ (Weichling).

Rum-reiche Vergangenheit

Die Erfolgsgeschichte des australischen Bieres begann früh, praktisch mit der Entdeckung des Kontinents durch Captain James Cook. Der englische Seefahrer führte auf seinen langen Reisen stets alle notwendigen Zutaten zum Bierbrauen mit – auch für den Fall, dass die Trinkwasser-Reserven an Bord ungenießbar wurden. Doch bevor die Australier vollends auf den Bier-Geschmack kamen, floss in den Anfängen der Kolonie reichlich Rum die Kehle hinunter, mehr als Sträflingen und Siedlern guttat. Der aus Zuckerrohr gebrannte Schnaps war damals so begehrt, dass er als eine Art inoffizielle Währung gehandelt wurde. Alkoholismus war bald so weit verbreitet, dass die Behörden bereits um 1800 vor dem exzessiven Konsum der hochprozentigen Destille warnten und zum Biertrinken aufforderten – Gebrautes als heilsamere Alternative zu Gebranntem. Ein Mann namens John Boston gilt als der erste eingetragene Bierbrauer auf dem Kontinent, aus indischem Mais hat er sein Bier gebraut. Eine der ersten Brauereien, die Cascade Brewery auf Tasmanien, produziert seit 1824, sie ist heute die älteste Brauerei Australiens.

Wandel zur Weintrinker-Nation

Heute führt jeder Pub auch ordentliche Weine im Angebot. Gern getrunken wird vor allem preiswerter „cask wine“ (Fasswein), der über den Kunststoffschlauch ins Glas kommt.

Über hundert Jahre lang wurden auf dem Kontinent fast ausschließlich Port-ähnliche Weine gekeltert: Hauptsache süß und alkoholreich. Erst Mitte des 20. Jahrhunderts war die technische Ausstattung so weit, aus den im heißen Klima gereiften Trauben fruchtig frische Weine zu gewinnen. Binnen weniger Jahrzehnte stieg Australien zu einem der wichtigsten der Wein produzierenden Länder weltweit auf. Heute machen die roten Rebsorten mit Shiraz, Cabernet und Merlot etwas mehr als die Hälfte aus, bei den weißen herrschen Chardonnay, Semillon und Riesling vor. Experten glauben, dass Australiens ungeheures Potenzial als Weinerzeuger noch lange nicht ausgereizt ist.

Legendärer Tropfen

Kein australischer Wein hat solche Berühmtheit erlangt wie der „Grange Hermitage“ des südaustralischen Weinguts Penfolds. Im Jahr 1959 wagte sich der schon zu Lebzeiten renommierte Kellermeister Max Schubert an einen Bordeaux-ähnlichen Wein, obwohl ihm die entsprechende Traubensorte fehlte. Also nahm er Shiraz-Trauben – und erntete prompt vernichtende Kritiken. Doch Schubert experimentierte unbeirrt weiter. Und schon 1962 räumte sein Rotwein die erste Auszeichnung ab. Der „Grange Hermitage“ des Jahrgangs 1990 wurde sogar zum weltweit besten Rotwein erklärt. Heute erzielt eine Flasche des edlen Tropfens Spitzenpreise von bis zu 48 000 A$. Daneben gibt es auch Penfolds-Weine zu Normalpreisen, selbst im kleinen Pub an der Ecke. Denn der Weinproduzent gehört zu den ganz großen in Australien, mit einem jährlichen Output von 1,5 Millionen Flaschen. *www.penfoldsgrange.org*

Reblandschaft um Margaret River

Anzeige

Erleben Sie die Höhepunkte AUSTRALIENS

Ob Individual- oder Gruppenreise mit Auto, Camper oder Bus, Camping- oder Flugsafaris, Hotels, Resorts oder Farmaufenthalte, Kreuz- oder Bahnfahrten, Segel-, Golf- oder Tauchreisen sowie Wandertouren und Stopover-Ziele.

All dies und noch viel mehr finden Sie im Best of Australia Katalog. Gerne stellen wir Ihnen auch individuell ein Angebot zusammen!

24 Tage Australien € 1.525

inkl. Flug mit Cathay Pacific ab/bis Frankfurt & 21 Tage Apollo Campervan

Preis gültig pro Person bei zwei gemeinsam reisenden Erwachsenen für Abflüge im Zeitraum 20.06.08-10.07.08, 19.07.08-14.12.08 und 29.12.08-23.03.09. Preise für weitere Termine auf Anfrage.

17 Tage Sydney, Rock & Reef € 2.650

inkl. Flug mit Cathay Pacific ab/bis Frankfurt, Inlandsflüge, Unterkünfte, Stadtrundfahrt in Sydney, Red Centre Camping-Safari & Tagestour ins Great Barrier Reef

Preis gültig pro Person bei Unterbringung im Doppelzimmer/-zelt im Zeitraum 20.06.08-10.07.08, 19.07.08-14.12.08 und 29.12.08-10.03.09. Preise für weitere Termine auf Anfrage.

BEST OF TRAVEL GROUP

Kataloge, Beratung & individuelle Angebote:
Tel. 0180 - 3 30 72 73 (0,06 €/40 sek.) · **hbau@botg.de · www.BoTG.de**
20 Büros in Europa: 14x in Deutschland, 2x in der Schweiz & 2x in Österreich, 1x in Belgien & 1x in den Niederlanden

FLEISCHESLUST OHNE REUE

Krokodil, Emu, Känguru

Krokodile sind zum Fürchten – aber Australier haben sie inzwischen zum Fressen gern. Nicht nur weil das weiße Fleisch der Riesenreptilien mundet, sondern auch weil es fettarm und frei von hormonellen Zugaben oder Antibiotika ist. „Croc" essen ist gesund. Ebenso zu empfehlen sind Emu und Känguru.

Kurz gebraten und kalorienarm

Das feste Fleisch der Kängurus hat viele Proteine, aber wenig Cholesterin, tut also Herz und Hüfte gleichermaßen gut. Laut einer neueren Studie der University of Western Australia sind in ihrem Muskelfett bis zu fünf Mal mehr ungesättigte Fettsäuren enthalten als zum Beispiel in dem der Schafe. Vor allem diesen sogenannten konjugierten Linolsäuren (CLA) wird eine gesundheitsfördernde Wirkung zugeschrieben. Nur ein leichter Wildgeschmack erinnert beim Genuss daran, dass Kängurus in freier Natur gejagt werden. Im Outback halten inzwischen nicht nur Naturschützer die Zucht von „roos", wie die Beuteltiere im Volksmund genannt werden, für ökologisch sinnvoll. Das trockene Land käme mit seiner kargen Vegetation weniger zu Schaden als unter den Hufen der großen Rinder- und Schafherden.

Der Export von Kängurufleisch nach Europa hat in den letzten Jahren sprunghaft zugenommen. Oberstes Gebot bei der Zubereitung: bloß nicht zu lange in der Pfanne lassen! Nur kurz anbraten, sodass die Steaks innen noch rot sind. Fleisch von Wallabys, den kleineren Verwandten, schmeckt dagegen kaum nach Wild, eher wie Rindfleisch.

Emu-Fleisch, das in den Handel kommt, stammt generell von Farmen. Es wird als Geflügel deklariert, obwohl es im Geschmack mehr dem Rindfleisch ähnelt. Innen fast noch roh, schmeckt es aus der Pfanne oder vom Grill am besten.

Auch Krokodilfleisch wird zäh, wenn es zu lange auf dem Herd gart. Es kommen nur gezüchtete Reptilien auf den Tisch. Deshalb hängt vom Futter ab, wie das Fleisch schmeckt, zum Beispiel nach Hühnchen, wenn den Echsen überwiegend Federvieh hingeworfen wurde.

Possum: ein seltener Leckerbissen

Australier hegen wenig Sympathie für die Vorgärten und Gemüsebeete kahl fressenden Beutelratten. Vielleicht finden sie deshalb nur wenig Geschmack an Possum-Fleisch. Dabei sind die Wildtiere delikater

Andrew Dwyer: Der Outback-Koch

Andrew Dwyer ist in Melbourne groß geworden, in den 1960-Jahren, als Australien noch als kulinarische Diaspora schockte: „Bei festlichen Essen wurde zur Vorspeise bevorzugt ein Meeresfrüchtecocktail gereicht – viel Fisch und wenig Garnelen zwischen wässerigem Eisbergsalat und einem Schwall Thousand Island Dressing." Da schmeckte es ihm draußen in der Wildnis am Lagerfeuer schon besser: „Einfach, aber gut, mit allem, was die Natur zu bieten hat." Und so kam er auf die Idee, Outback-Kost für die häusliche Küche zu modifizieren. Ein gelungenes Experiment, wie zig Rezepte plus lesenswerte Anekdoten in seinem reich bebilderten Buch aufzeigen („Outback – Recipes and Stories from the Campfire", Miegunyah Press). Außerdem kann man

Outback-Kost für die heimische Küche

Andrew Dwyer auf kulinarischen Reisen durchs Outback begleiten und ihm dabei zuhören (Diamantina Touring Company, Jamieson, 74 Jamieson Licola Rd., Tel 03/5777 0681, www.diamantina-tour.com.au).

Bush Tucker

... oder was die australische Natur so alles an Leckereien zu bieten hat. Schon die Aborigines ernährten sich davon:

Bunya Nut – schmeckt beinahe so wie eine Esskastanie, nur etwas harziger

Bush Tomato – würzige Süße, vom Geschmack her ähnlich konzentriert wie getrocknete Tomaten, wächst in Wüstenregionen

Kakadu Plum – vergleichbar mit der Aprikose, aber mit einem Stein wie bei einer Mango, in der Kakadu- und Kimberley-Region zu finden

Lilly Pilly – intensiv nachschmeckende, würzige Frucht, es gibt über 60 verschiedene Sorten, die alle im Osten gedeihen.

Macademia Nut – die delikate Nuss hat es längst bis in die Supermärkte der restlichen Welt gschafft, reift an der Ostküste

Munthari – auch als „native cranberry" (wilde Preiselbeere) bekannt, schmeckt aber eher wie eine Mischung aus Apfel und Rosine, kommt auf Sanddünen und in Wüsten zurecht

Pepperberry – ganz schön scharf gepfeffertes Inneres, wächst vor allem auf Tasmanien

Quadong – das feste Fruchtfleisch kommt einer Kreuzung von Pfirsich und Aprikose mit einer Prise Zimt gleich, braucht nicht viel Wasser, findet man viel in Südaustralien

Warrigal greens („native Spinach") – geschmacklich eine Mischung aus Spinat und grünen Bohnen

Wattleseed – es gibt über 600 verschiedene Akazien („wattle") auf dem Kontinent. Die Samen entwickeln bei Röstung ein kaffeeähnliches Aroma.

Nur aus der Zucht: Krokodilfleisch – auf dem Burger

als Kaninchen, wenn man sie lange genug schmort. Nur auf Tasmanien stehen Possums als einheimische Art nicht unter Schutz und dürfen dort deshalb gejagt werden. Weniger für den Eigenbedarf, der überwiegende Teil der fleischlichen Ausbeute geht in den Export. Übrigens wurden bereits in der Kolonialzeit Possums über die Tasmanische See nach Neuseeland verschifft. Allerdings lebend, um mit den dicht behaarten Tieren in dem benachbarten Inselreich florierende Pelzzucht-Betriebe zu etablieren. Als das Vorhaben scheiterte, wurden die gefräßigen Nager in die Freiheit entlassen, vermehrten sich rasch mangels natürlicher Feinde und gerieten zu verhassten Schädlingen, die der Vegetation in dem Naturparadies heute mehr den je übel mitspielen.

So schmeckt's einfach australisch

Vor der Ankunft der Europäer basierte der Speiseplan der Ureinwohner auf dem, was die Natur hergab: Die Aborigines gingen fischen und auf die Jagd, sammelten Früchte, Nüsse, Samen, Wurzeln und Insekten. Joseph Dalton, ein weit gereister Botaniker des 19. Jahrhunderts, bezeichnete die meisten pflanzlichen Nahrungsmittel auf dem neu entdeckten Kontinent als „essbar, aber nicht schmackhaft". Ein Urteil, das dem Engländer aus viktorianisch-genussfeindlicher Zeit verziehen sei. Denn alles aus Down Under schmeckte damals ungewohnt, manches zu intensiv, vieles sah überhaupt nicht zum Anbeißen aus. Unter dem zunehmenden Einfluss westlicher Zivilisation verloren aber auch die Aborigines den Geschmack an ihrer Naturkost, das Wissen um sättigende Wurzeln ging ebenso verloren wie die Kunst, nahrhafte Engerlinge („wichita grubs") mit einem dünnen Stock aus dem Loch im Baumstamm zu pulen. Mehr als 200 Jahre mussten vergehen, bis „Australia's native foods" als „native Australian cuisine" eine erstaunliche Renaissance erlebten. Der Dank gilt innovativen Küchenchefs, die leckere Zutaten aus eigenen Landen neu entdeckt hatten. In Kombination mit Rezepturen aus aller Herren Länder bringen sie seither moderne australische Küche auf den Tisch. Zum Beispiel mit asiatisch-italienischem Einschlag, wenn Känguru-Carpaccio unter einer Würze aus Ingwer, Koriander und Soja-Sauce den Gaumen betört. Inzwischen mischt Australiens erster „indegineous" Chefkoch die kulinarische Szene weltweit auf: Der Aborigine Mark Olive, alias „The Black Olive", hat seit 2006 nicht nur in einer eigenen Fernsehshow „bush food" aufleben lassen, sondern mit kulinarischen Aussie-Abenteuern auch in Amerika und Europa Furore gemacht. Seit seiner Rückkehr verbringt Mark Olive immer wieder Zeit in abgelegenen Aboriginal-Gemeinden, um dazuzulernen und im Gegenzug die Nachkommen über gesunde Ernährung zu informieren.

ZUM FRÜHSTÜCK
ist es nie zu spät

Spätaufsteher müssen in Australien nicht mehr bis zum Lunch warten, um die erste Mahlzeit des Tages einzunehmen. „Breakfast“ – ob warm oder kalt – gibt es außerhalb der Hotels fast den ganzen Tag über, vor allem in den Städten. Und sollten die Frühstückskarten tatsächlich schon weggepackt sein, machen Cafés und Imbisse mit allerhand leckeren Sandwiches, belegten Bagels, gefüllten Rolls, deftigen Pies, Quiches und frisch gebrühten Kaffeespezialitäten Appetit.

„Hot Breakfast“ für den Heißhunger

Die Briten haben es vorgekocht, die Aussies daraus delikate Variationen kreiert: Neben „Eggs Benedict“ (gedünstete Eier mit Speck und Sauce Hollandaise), „Eggs Florentine“ (gedünstete Eier mit Spinat und Sauce Hollandaise) oder „Salmon on truffeled Scrambled Eggs“ (Räucherlachs auf getrüffeltem Rührei) mutet das traditionelle warme Frühstück mit Speck, Eiern, Röstkartoffeln, gedünsteter Tomate und ggf. gebackenen Bohnen recht einfallslos an. Aus mindestens drei Eiern, allerhand Gemüse, Wurst und/oder Käse werden würzige Omeletts gebraten, die im Magen lange vorhalten. Selbst Steaks oder Lammkoteletts haben ihren Stammplatz auf dem „Breakfast Menue“ behalten – der fettlosen Fitnesswelle zum Trotz. Immer am Wochenende trifft man sich gerne zum „Late Breakfast“ oder „Brunch“ in einem der vielen Cafés und Restaurants.

Baghdad Eggs

Ein orientalisch inspiriertes Breakfast

2 Eier
1 Knoblauchzehe
Butter/Margarine
Kümmel zum Abschmecken

In einer mittleren Pfanne Fett und Knoblauch leicht erhitzen und eine Prise Kümmel hineinstreuen. Wenn die Butter geschmolzen und der Knoblauch weich ist, die Eidotter und nach Geschmack noch etwas Kümmel dazugeben. Das Ganze bei geschlossenem Deckel langsam braten, bis die Eier nach Wunsch sind. Schmeckt am besten auf Toast.

FRÜHSTÜCK MIT ENGLISCHEM EINSCHLAG: IM STILLWATER CAFE IN LAUNCESTON

Morgenstund hat auch Süßes im Mund

Selbstverständlich landen nach wie vor „marmelade“ (Orangenkonfitüre) und „jam“ (Fruchtaufstrich) als koloniales Erbe auf den knusprigen Toastscheiben australischer Frühstückstische. Doch aufgeweckte Leckermäuler haben morgens manchmal anderes im Sinn: glasierte Plunderteilchen (Danishs) oder mit Schokolade gefüllte Croissants. Besser noch: von sämigem Ahornsirup oder frischen Erdbeeren versüßte Pfannkuchen (Pancakes), alternativ „Belgische Waffeln“. Selbst Drei-Sterne-Hotels fahren zum Frühstücksbuffet generös auf: mit Müsli und anderen Körnern, frischen und Trocken-Früchten. Käse- und Wurstaufschnitt haben mitteleuropäische Gäste lautstark und schließlich erfolgreich eingefordert. Da hatten sich lautlos längst japanische Miso-Suppe, gekochter Reis und chinesische Teigwaren in die Buffetauslagen eingereiht – Tribut an die rasant wachsende Zahl asiatischer Touristen. Beim zweiten Frühstück wird traditionell

Wer bei diesem üppigen Frühstück nicht satt ist, der ist selbst schuld.

zu Scones oder Muffins gegriffen, leichtem Gebäck, das zuverlässig den unterschwellig nagenden Hunger bis zum Lunch stillt.

Längst kalter Kaffee

Den vielen italienischen Einwanderern sei Dank, dass Kaffeetrinken in Australien nach langen englischen „Tea-Times" zum Genuss wurde. Erst 20 Jahre sind vergangen, seit Down Under auch nur einigermaßen trinkbarer Kaffee weder für Geld noch gute Worte zu bekommen war. Ein scheußlicher Instant Coffee wurde möglichst sparsam in eine Tasse gelöffelt, meist mit Zucker und Milch vermischt und dann mit mehr oder weniger heißem Wasser übergossen. Was aussah wie Spülwasser, schmeckte beinahe so. Kein Wunder, dass die Aussies lange Zeit viel lieber Tee tranken. Nur in Melbourne, im italienischen Restaurant-Viertel um die Lygon Street, gab es schon aus Italien importierte Espressomaschinen, als im Rest des Landes Nescafé noch als Delikatesse galt. Und so trägt Australiens populärste Kaffeemarke den Namen „Victoria" – nach dem Bundesstaat, dessen Hauptstadt Melbourne ist.

Kleine Kaffee-Kunde

Bereits 1880 gab es erste Kaffee-Plantagen auf dem Kontinent. Doch erst seit wenigen Jahren werden nennenswerte Mengen angebaut, die aktuelle Erntemenge liegt bei knapp 220 Tonnen Kaffeebohnen. Kenner loben die außergewöhnlich hohe Qualität. Australischer Kaffee hat weniger Bitterstoffe als die meisten anderen Bohnen und ist dabei sehr mild. Manche Sorten überraschen die Geschmacksnerven zusätzlich mit einer feinen Kakaonote. Bedauerlich, dass nur ganz geringe Mengen ihren Weg auf den Weltmarkt finden. Dafür wird umso mehr importiert, zuletzt ca. 49 000 t pro Jahr. Vor allem in den großen Städten sind heute routinierte Kaffeemacher am Werk. Es macht einfach Spaß zuzuschauen. Der australische Barista ist ein Virtuose an der Hightech-Kaffeemaschine. Die Milch richtig aufzuschäumen ist beinahe wichtiger, als den Kaffee zu brühen. Erlernen kann jeder die Kunst in speziellen Kursen, zum Beispiel bei Kaffee-Röstereien: www.allpressespresso.com.au oder www.montvillecoffee.com.au sowie Coffee Acadamy/William Angliss Institute of TAFE (Melbourne, 555 La Trobe St., Tel. 03/96 06 21 11). Neben Italien gehört Australien zu den wenigen Nationen weltweit, deren Gastronomie Kaffee weitgehend auf Espresso-Basis herstellt. Filterkaffee ist so gut wie out und wird allenfalls noch zu Hause oder zum Hotelfrühstück aufgebrüht.

Wer in Eile ist, ordert seinen Lieblingskaffee „to go" (oder „take away") und bekommt einen gefüllten Becher mit Deckel in die Hand gedrückt:

Short Black/Espresso sind 30 ml „Kleiner Schwarzer"/Espresso. Der Ristretto (20 ml) ist ein besonders starker „Kleiner Schwarzer"/Espresso. Der Latte, ein Milchkaffee, besteht aus einem Drittel Espresso, aufgefüllt mit zwei Dritteln heiß aufgeschäumter Milch, gerne im Glas oder in einer voluminösen „bowl" serviert. Ein Drittel Espresso und zwei Drittel heiße Milch mit nur wenig Schaum in der Tasse schaffen den Flat White. Der Cappuccino – ein Drittel Espresso und ein Drittel heiße Milch mit einem Drittel Milchschaum – macht sich gut mit Kakaopulver obenauf. Im Long Black versinkt ein Drittel Espresso in zwei Drittel heißem Wasser. Oder wie wär's mit einem figurfreundlichen „Double Shot Skinny Cap", einem Cappuccino auf der Basis eines doppelten Espressos mit entrahmter Milch?

SO WIRD KAFFEE IN PERTH SERVIERT

Lesetipp

„Frühstück mit Kängurus" von Bill Bryson, erschienen als Taschenbuch, ist ein humorvoller Reisebericht der etwas anderen Art. Er macht einfach Lust, Land und Leute näher kennenzulernen. Der Leser erfährt einiges über die Historie und über ungewöhnliche Begegnungen, in Anekdoten verbirgt sich manch wichtige Information.

Vegemite – unentbehrlich

Sieht aus wie Nuss-Nougatcreme, schmeckt aber nach Brühwürfel.

Trotzdem bestreichen die Aussies ihre morgendliche Toastscheibe mit der dunkelbraunen Paste, um herzhaft hineinzubeißen. Vor 85 Jahren haben sie Geschmack gefunden an dem Hefeextrakt namens Vegemite und nie mehr davon lassen können. Rational mag dafür der reiche Vitamin-B-Gehalt sprechen, weshalb im Zweiten Weltkrieg jeder Soldat mit einer festen Ration ausgestattet wurde. Aber Vegemite ist heute in erster Linie australische Lebensart: Die Schulkinder haben sie auf ihren Pausenbroten wie auch die Büroangestellten, und auf fast jedem Frühstückstisch thront ein Glas Vegemite. Natürlich gehört der Brotaufstrich auch zur Grundausstattung jedes Hotelfrühstücks – und überrascht nur Touristen, die meinen, zu einer Art „Nutella" zu greifen.

Die Paste ist ein absolutes Muss beim Frühstück

ANREISE

Etwa 15–19 Stunden ist man von Mitteleuropa aus nach Australien im Flugzeug unterwegs. Die meisten Airlines fliegen über die Ostroute (Emirate, Asien), aber auch die (längere) Westroute über Amerika könnte bald preislich interessant werden, wenn die Konkurrenz auf der Strecke Los Angeles und Sydney wächst. Insbesondere die Kosten für Steuern, Gebühren und Kerosinzuschläge sind hoch. Vergleichen Sie sorgfältig die Preise: Bei Qantas z. B. können preiswerte Inlandsflüge in das internationale Ticket inkludiert werden. Mit dem Einsatz der Airbus-Großraumflugzeuge wird sich die Zahl der Sitzplätze nach Australien in den nächsten Jahren erweitern und in den Hauptreisemonaten Oktober bis April für Entlastung sorgen.

AUSKUNFT/ADRESSEN

Australian Tourist Commission
Neue Mainzer Straße 22, 60311 Frankfurt/Main,
Tel. 069/274 00 60, Fax 27400640,
www.australia.com
Bestellung von Broschüren:
D: 069/95 90 61 73
A: 01/79 56 73 44
CH: 01/838 53 30

Tipp

Touren im Outback

Dass ein gut ausgerüstetes Auto Voraussetzung für eine Tour durchs Outback ist, versteht sich von selbst. Ebenso wichtig aber ist die Routenplanung, denn für die Durchquerung diverser Aborigines-Gebiete muss man zuvor eine Genehmigung („permit") einholen. Bisweilen ist auch das Mitführen von Alkohol im Auto nur in sehr geringen Mengen erlaubt und wird kontrolliert (Infos unter www.alcoholimits.qld.gov.au). Wer auf den Pisten nicht alleine unterwegs sein will, sollte sich unbedingt einer geführten Tour anschließen. Die Veranstalter (z. B. Otto Tours, www.ottotours.de oder Bruno's Australien Safaris, www.australien-safaris.com.au) organisieren auch den Mietwagen. Detaillierte Karten liefert Hema Maps per Download gegen Bezahlung auf den Computer (www.hemamaps.com.au). Ausgezeichnete Tipps und Routenvorschläge gibt es unter www.exploroz.com. Mit Hilfe eines Satellitentelefons ist Hilfe im Outback inzwischen bestens erreichbar (www.pivotel.com.au).

Durch Australiens Outback reisen bedeutet weite Strecken zurücklegen

Australian Embassy
Wallstraße 76-79, 10179 Berlin
Tel. 030/88 00 88-0, Fax 030/88 00 88 210
www. german.embassy.gov.au (Telefonanfragen zu Visa: Mo.-Do. 13.00–17.00, Fr. 13.00–16.00 Uhr, Tel. 030/700 129 129, visaquestions.berlin@dfat.gov.au)

Deutsche Botschaft (in Australien)
119 Empire Circuit, Yarralumla, Canberra
Tel. 02/62 70 19 11, Fax 62 70 19 51
www.germanembassy.org.au

Österreichische Botschaft
12 Talbot Street, Forrest, Canberra
Tel. 02/62 95 15 33, Fax 62 39 67 51
www.austriaemb.org.au

Schweizer Botschaft
7 Melbourne Avenue, Forrest, Canberra
Tel. 02/61 62 84 00, Fax 62 73 34 28
www.eda.admin.ch/australia

AUTOFAHREN

In Australien benötigt man einen Internationalen Führerschein, der nur in Verbindung mit dem nationalen Führerschein gilt. Der Mietwagen sollte auf jeden Fall über eine Klimaanlage verfügen, ein Auto mit Allradantrieb (4WD) benötigt man nur für unasphaltierte Strecken im Outback. Legen Sie die Reiseroute vor der Anmietung weitgehend fest und erkundigen Sie sich, ob die Strecken mit dem Leihwagen befahren werden dürfen. Schließen Sie unbedingt eine Versicherung ohne Selbstbeteiligung ab. Die Mitgliedschaft in einem deutschen Automobilclub garantiert auch Hilfeleistungen durch den australischen Partnerclub (Ausweis nicht vergessen). Mit dem Wohnmobil kommt man gut durch den Kontinent, geländegängige Reisemobile sind allerdings sehr teuer und für zwei Personen eng. Spezial-Veranstalter in Deutschland haben oft die besseren Preise. Die größten Vermieter sind www.maui.com.au, www.apollocamper.com und www.keacampers.com. In Australien wird links gefahren, im Kreisverkehr gilt rechts vor links. Die erlaubte Höchstgeschwindigkeit liegt bei 100 km/h, stellenweise auch bei 110 km/h, im Northern Territory bei 130 km/h. Alle Fahrzeuginsassen müssen angegurtet sein, für Motorrad- und Fahrradfahrer besteht Helmpflicht. Die Alkoholgrenze liegt bei 0,5 Promille. Telefonieren während der Fahrt ist verboten. Wenn Fußgänger auf dem Zebrastreifen die Fahrbahn überqueren wollen, wird immer angehalten.

EINREISE

Für Deutsche, Österreicher und Schweizer wird ein Besuchervisum verlangt (Aufenthalt bis drei Monate), das die australische Botschaft, aber auch die Fluggesellschaften bzw. das Reisebüro bei der Buchung (meist) kostenlos ausstellen. Weitere Infos über die Electronic Travel Authority/ETA) unter www.immi.gov.au. Der Reisepass muss am Tag der Einreise noch mindestens sechs Monate gültig sein. Bisweilen wird bei der Einreise auch das Rückflugticket kontrolliert sowie der Nachweis ausreichender finanzieller Mittel für den Aufenthalt gefordert.

ELEKTRIZITÄT

Die Stromspannung beträgt 240 Volt/50 Hertz. Sie benötigen einen Steckdosenadapter für die dreipoligen Flachstecker, der in vielen Geschäften (Elektro- oder Koffergeschäfte) erhältlich ist.

ESSEN UND TRINKEN

Außergewöhnlich, was Australiens Köche heutzutage auf den Tisch zaubern – alles aus besten heimischen Zutaten. Einwanderer aus allen Teilen der Welt haben kulinarisch ganze Arbeit geleistet und Australien in ein Feinschmecker-Paradies verwandelt. An den Küsten wird besonders reich und de-

likat aufgetischt. Wo gleich vor der Haustür das Meer frischen Fisch, Austern und Krustentiere liefert und nebenan in rauen Mengen saftige Früchte und knackiges Gemüse gedeihen, hat die Kunst der Köche leichtes Spiel. In den Ballungszentren Melbourne und Adelaide kommen selbst anspruchsvollste Feinschmecker auf ihre Kosten. „Modern Australien“ heißt die angesagte Küche, die Rezepturen aus allen Teilen der Welt zu fantasievollen Speisen kombiniert. Groß ist der Einfluss asiatischer Rezepturen. Typisch australisch: Bush Tucker (s. S. 108). Im Brotkorb liegt dann „Damper“, ein Weißbrot, wie es einst von Jackaroos und Drovern, den australischen Cowboys, am Lagerfeuer im Outback gebacken wurde.
Sich in Australien zu verköstigen, muss keine Riesenlöcher ins Reise-Budget reißen. Denn überall gibt es preiswerte Schnellrestaurants: „Take Aways“ heißen sie, weil man dort auch „Speisen zum Mitnehmen“ bestellen kann. Fish & Chips-Buden zählen dazu, Hamburger-Ketten, chinesische Imbisse und japanische Sushi-Theken, die sich im Zuge fettarmer Ernährung zunehmender Nachfrage erfreuen. Preiswert auch sogenannte „Counter Meals“, die in ländlichen Gasthäusern – vor allem im Outback – als solide Hausmannskost über den Tresen („counter“) gereicht werden. Gewöhnungsbedürftig für Europäer: Gerne Sa./So., auf jeden Fall an Feiertagen erheben die Restaurants einen Preisaufschlag von 10–15 Prozent.

FEIERTAGE UND FESTE

1. Januar – Neujahrstag (ist aber auch am folgenden Werktag ein Feiertag); 26. Januar – Australia Day (Nationalfeiertag); Mitte März – Labour Day (WA/TAS/VIC); Karfreitag und Ostermontag; 25. April – Anzac Day (Kriegsgedenktag); 1. Mai – Labour Day (QLD/NT); Zweiter Montag im Juni – Queen's Birthday (außer WA, Ende Sept.); Anfang/Mitte Oktober – Labour Day (NSW/ACT/SA); 25. Dezember – Christmas Day; 26. Dezember – Boxing Day
Fällt ein Feiertag auf einen Samstag oder Sonntag, wird er am darauffolgenden Montag „nachgefeiert“. Einige Bundesstaaten haben eigene Feiertage. Schulferien sind normalerweise Mitte Dezember bis Ende Januar, zwei Wochen nach Ostern, zwei Wochen Ende Juni/Anfang Juli und zwei Wochen im September/Oktober.

GELD

Währung ist der Australische Dollar (A$). Reiseschecks und Bargeld können Sie in den Banken wechseln, die Gebühren sind teilweise hoch. Sehr verbreitet sind Kreditkarten (auch in Supermärkten), nicht selten werden in Geschäften und bei Autovermietungen Aufschläge erhoben (ca. 1 Prozent), die Kreditkartenbank berechnet zudem den Auslandseinsatz. Mit der EC-Karte kann man preiswerter an Bankautomaten Geld abheben. Erkundigen Sie sich bei Ihrer Hausbank, mit welchen australischen Banken sie zusammenarbeitet.

Passionierte Boule-Spielerinnen

GESUNDHEIT

Der medizinische Standard in Australien entspricht dem in Europa – zumindest in den Ballungsgebieten entlang der Küste. Für Reisen ins Outback sollten Sie auf jeden Fall eine kleine Notfallapotheke (Verbandszeug, Jod etc.) zusammenstellen. Wenn Sie gesetzlich versichert sind, schließen Sie zu Hause unbedingt eine Reisekrankenversicherung ab, in der auch ein medizinisch notwendiger Rücktransport eingeschlossen sein muss. Privatversicherte sollten ebenfalls prüfen, ob sie ausreichend abgesichert sind (z. B. bei einer Reisedauer über 6 Wochen). Impfungen sind nicht vorgeschrieben. In einigen nordöstlichen Gebieten Australiens (z. B. Townsville, Cairns) kann Dengue-Fieber, übertragen durch einen Mückenstich, auftreten. Die Symptome entsprechen denen einer schweren Grippe. Keine Angst vor gemäßigtem Sonnenbaden: Das Land hat zwar die höchste Hautkrebsrate der Welt, aber die Nachfahren hellhäutiger Einwanderer von den britischen Inseln haben der starken Sonneneinstrahlung auf dem „schwarzen Kontinent“ auch wenig Haut-Schutz entgegenzusetzen. Beim Schnorcheln im Wasser verhindert ein T-Shirt einen gefährlichen Sonnenbrand. Apotheke heißt „chemist“. Deutsch sprechende Ärzte vermitteln die Botschaften und Konsulate.

INTERNET UND ADRESSEN

Internet-Cafés gibt es überall in Australien zahlreich. Wer sich vorab informieren will, ist mit diesen Adressen gut bedient:

Daten und Fakten

Geografische Lage: Der rd. 7,69 Mio. km² große Kontinent liegt auf der Südhalbkugel zwischen Indischem und Pazifischem Ozean. Australien ist der sechstgrößte Staat der Erde, vergleichbar mit der Fläche der USA ohne Hawaii und Alaska. Die Hauptstadt ist Canberra (350 000 Einwohner), zu den größten Städten gehören: Sydney (4 Mio.), Melbourne (3,5 Mio.), Brisbane (1,6 Mio.), Perth (1,4 Mio.) und Adelaide (1,1 Mio.).

Landesnatur: Das westaustralische Tafelland, das große Sandwüsten sowie den Uluru (Ayers Rock) umfasst, nimmt beinahe den halben Erdteil ein. Angrenzend erstreckt sich in Nord-Süd-Ausrichtung die mittelaustralische Senke, die am Eyre-Salzsee 17 m unter dem Meeresspiegel liegt. Im Südosten steigt die parallel zur Küste verlaufende Great Dividing Range zum Mt. Kosciuszko, dem mit 2228 m höchsten Berg des Kontinents, an. Von den Inseln vor der 25 760 km langen Küstenlinie ist Tasmanien mit 68 400 km² die größte.

Bevölkerung: Ca. 20,5 Mio. Menschen leben in Australien, etwa ein Viertel der Bevölkerung Deutschlands. Auf einen km² kommen statistisch nur 2,5 Einwohner. Nach wie vor sind die meisten europäischer Abstammung, doch die Zahl der Australier mit Wurzel in Asien nimmt stetig zu. Der Anteil der Aborigines beträgt ca. 2,5 Prozent. Knapp 70 Prozent sind Christen, davon gehören die meisten der römisch-katholischen Kirche an, dicht gefolgt von der anglikanischen Hochkirche. Landessprache ist Englisch.

Wirtschaft: Bodenschätze und Agrarprodukte bestreiten weitgehend den Export. Australien liefert weltweit die größten Mengen an Rindfleisch und Wolle. Auch bei der Edelsteinförderung nimmt die Nation eine führende Position ein. So kommen 95 Prozent aller Opale von Down Under.

Politik: Eine parlamentarische Demokratie mit der englischen Königin als Staatsoberhaupt regiert das Land. Australien ist Mitglied des Commonwealth. Die Bundesstaaten und Territorien teilen sich mit eigenen unabhängigen Parlamenten die Verwaltung.

www.australien-info.de und www.infobahnaustralia.com.au: umfangreiche Informationen. Beide Websites bieten auch regelmäßige, kostenlose Newsletter an.
www.lonleyplanet.com/bluelistaustralia: das Beste vom Besten im Land, ausgesucht von Lesern des „Lonley Planet". Aktuelle Info-Quelle.
www.australien-links.de: Die Adresse sagt es: Unzählige Verweise auf interessante australische Websites in Englisch und Deutsch.
www.buslines.com.au: Auflistung aller Verkehrsmittel in Australien.
www.communityguide.com.au: ähnlich wie die Gelben Seiten, übersichtlicher gegliedert.
www.archivenet.gov.au: Zugang zu den meisten Archiven in Australien.
www.bom.gov.au: Perfekter Service rund ums Wetter Down Under.
www.csu.edu.au/australia: Informative Seite der Charles Sturt University für Touristen.
www.news.com.au: Aktuelle Nachrichten aus Australien.

JET LAG

Man kann die Auswirkungen der „Störung des inneren Rhythmus" lindern, indem man sich von Beginn an dem neuen Tagesrhythmus anpasst. Am Ankunftstag sollte keine Autofahrt geplant sein.

LITERATUREMPFEHLUNGEN

„The Man from the Snowy River" – Banjo Paterson, der im 19. Jh. den melodramatischen Text zu „Waltzing Matilda" verfasst hat, schrieb auch schöne Gedichte. Sie sind in diesem Band gesammelt. (Charleston 2007).
„Die wahre Geschichte von Ned Kelly und seiner Gang" (Peter Carey, Frankfurt a. M. 2004) – die fiktive Autobiografie des zum Tode Verurteilten, der in Australien bis heute als umstrittener Nationalheld weiter lebt.

RAUCHVERBOT

Jeder Staat hat unterschiedlich strenge Rauchverbote, aber überall ist das Rauchen in Kneipen, Restaurants sowie in Flughäfen, öffentlichen Einrichtungen (z. B. Casinos) verboten. Queensland und Tasmanien haben die strengsten Gesetze. In Tasmanien ist selbst das Rauchen im Auto verboten, wenn Passagiere unter 18 Jahren mitfahren.

REISEZEIT

Australien ist fast zu jeder Jahreszeit ein Reiseziel – allerdings mal besser, mal schlechter. Zwischen Oktober und April findet man das angenehmste (Sommer-)Klima im Südosten vor. Auch der Südwesten und Perth sind dann lohnende Reiseziele. Der Westen oberhalb des Wendekreises des Steinbocks (Capricorn) wie das Northern Territory einschließlich des Red Centre und der übrigen Outback-Regionen sind zwischen April und Oktober ideal zu bereisen. Zwar sind die Tage kürzer, das Klima aber ist angenehmer und nicht mehr schwül-warm mit teils heftigen Regenfällen.

REISEN IM LAND

Mit dem Flugzeug: Die Konkurrenz unter den Airlines Down Under ist groß, das hält die Preise, im internationalen Vergleich, ungewöhnlich niedrig. Buchungen im Internet sind einfach und werden mit Kreditkarte abgewickelt. Man druckt das e-ticket aus und zeigt beim Check-in seinen Ausweis. Je früher gebucht wird, desto niedriger der Tarif. Achtung: Die Gepäck- und Stornobestimmungen der Airlines sind streng. Infos unter www.jetstar.com, www.virginblue.com.au, www.tigerairways.com. Regionale Fluggesellschaften (z. B. www.rex.com.au) verkehren innerhalb der Bundesstaaten.

Mit Bahn und Bus: Im Vergleich zu den Flugpreisen sind derartige Fahrten keine Schnäppchen. Zwei große Busunternehmen teilen sich weitgehend den Markt: McCafferty's (Tel. 02/ 92 12 34 33, www.mccaffertys.com.au) und Greyhound (Tel. 07/32 58 16 00, www.greyhound.com.

Geschichte

Etwa 50 000 v. Chr. Aborigines erreichen über eine Landbrücke bei Papua Neuguinea den Kontinent.

17. Jh. 1606 sichtet der Holländer Willem Jansz die heutige „Cape York Peninsula" und geht an Land, 1642 entdeckt der Holländer Abel Tasman eine Insel und nennt sie „Van Diemen's Land" (Tasmanien).

1770 Der Engländer James Cook erreicht auf der „Endeavour" die Botany Bay (bei Sydney). Am 22. August nimmt er auf Possession Island (bei Cape York) die Ostküste für King George III. in Besitz.

1788 Die „First Fleet" erreicht den Kontinent. 548 Männer und 188 Frauen, allesamt Sträflinge aus England, verlassen die Schiffe. Wenige Tage später, am 26. Januar (heute Nationalfeiertag), wird die britische Flagge gehisst.

1793 Die ersten Siedler treffen ein.

1803 Der Kontinent heißt „New Holland", als Matthew Flinders beginnt, eine Küstenkarte zu erstellen. Von Flinders erhält Australien dann seinen Namen: Terra Australis.

1901 Sechs Kolonien (Queensland, New South Wales, Tasmania, Victoria, South Australia und Western Australia) bilden das „Commonwealth of Australia". Die Zahl der Aborigines (zu jener Zeit 60 000) ist seit der Ankunft der Europäer auf ein Fünftel gesunken.

1915 Im Kampf an der Seite der Engländer verlieren am 25. April über 8000 Australier der ANZAC-Truppe (Australian and New Zealand Army Corps) im türkischen Gallipoli ihr Leben. Der 25. April ist heute ANZAC-Day, ein nationaler Feiertag.

1928 Die Royal Flying Doctors nehmen ihren Dienst auf.

1939 Australien steht treu an der Seite der Alliierten im Zweiten Weltkrieg.

1973 Großbritannien tritt der EG bei, Australien verliert den wichtigsten Exportmarkt. Von nun an orientiert es sich in Richtung Asien.

1993 Mit dem Urteil des Obersten Gerichtshofes bekommt der Aborigine Eddie Mabo den Besitz der Murray-Inseln in der Torres Strait zugesprochen. Damit räumt die australische Rechtsprechung ein, dass sich der Kontinent vor der Besiedlung durch Europäer sehr wohl in festem Besitz (der Aborigines nämlich) befunden hat. Immer mehr Ländereien werden fortan an Aborigines-Stämme zurückgegeben, meist nach langen Streitigkeiten.

1999 Die australische Regierung beschließt eine Volksabstimmung zu der Frage, ob Australien im Jahre 2001 eine Republik werden soll. Die Mehrheit entscheidet sich dagegen.

2000 Am 15. September werden in Sydney die Olympischen Spiele eröffnet.

2007/2008 Premier Kevin Rudd von der Labor Party findet das jahrzehntelang immer wieder geforderte Wort „sorry", Entschuldigung, für die teils grausamen Behandlungen und Erniedrigungen der Aborigines durch die weißen Einwanderer.

au). Lange Bahnreisen (z. B. „The Ghan“ oder „Indian Pacific“) sollten ebenfalls im Voraus gebucht werden – will man nicht auf einen Platz im Liegewagen verzichten. (www.trainways.com.au). Infos und Angebote unter: www.buspass.de und www.explorer-fernreisen.com (zum Austrail Flexipass, der im Heimatland gekauft werden muss).

RESTAURANTS

Preiskategorien
(Preise für ein Hauptgericht)

€€€	Fein	über 20 Euro/über 33 A$
€€	Mittel	14–20 Euro/23–33 A$
€	Preiswert	bis 14 Euro/23 A$

Die Angaben zu Restaurants, die in diesem Band bei den jeweiligen Orten aufgeführt sind, beziehen sich auf die angeführte Einteilung.

Bequeme Reise: mit dem ›Indian Pacific‹ nach Perth

SOUVENIRS

Alles, was „Made in Australia“ ist, kann als „gutes Souvenir“ bezeichnet werden. Die Auswahl an Opalen, T-Shirts und Stofftieren ist gigantisch. Kunsthandwerk der Aborigines (Malereien, Didgeridoos, Bumerangs) erstehen Sie am besten in Aboriginal Art Galleries in Alice Springs oder auch in Darwin.
Gut einkaufen können Sie in Australien Bademoden, Wollpullover und Outdoor-Bekleidung. Die Akubra-Hüte und wasserabweisende Driza-Bone-Mäntel (deutlich übersetzt: „dry as a bone“ für: knochentrocken) sind ebenso beliebt wie zünftige Outback-Schuhe (Aussie Boots z. B. von R. M. Williams).
Wer für über 300 A$ in einem (!) Geschäft einkauft, kann auf die als Handgepäck (!) mitgeführte Ware am TRS-Schalter des Flughafens die Mehrwertsteuer geltend machen und bekommt ca. 10 Prozent des Warenwertes auf seine Kreditkarte zurückerstattet.

SPRACHE

Englisch. Nur hat das mit dem stolz präsentierten Schul-Englisch nichts zu tun. Der australische Dialekt ist ein Genuschel in atemberaubender Geschwindigkeit und wird als „strine“ (gesprochen „strein“) bezeichnet – was man wiederum mit einem genuschelten „Australian“ vergleichen kann. Zudem ist der Abkürzungsfimmel der Aussies gewöhnungsbedürftig. Das „Barbie“ ist ein Barbeque, „mozzies“ sind Moskitos etc. Sie sollten Ihr Gegenüber ruhig bitten, langsamer zu sprechen. Wenig verbreitet ist die Sprache der Aborgines.

TELEFON

Notruf für Feuerwehr, Ambulanz und Polizei: 000
Vorwahl nach Australien: 0061. Für Telefonate von Australien ins Ausland 0011, dann den Ländercode ohne Null (Deutschland „49“, Österreich „43“, Schweiz „41“), dann die Vorwahl der Stadt ohne Null, dann die Rufnummer. An den meisten öffentlichen Fernsprechern können Sie nur Telefonkarten benutzen (gibt es z. B. im Zeitschriftenhandel oder an Tankstellen). Über ein Dutzend Gesellschaften bieten internationale Calling Cards an, mit sehr niedrigen Tarifen (ca. 0,10 A$/Min.). In Australien können Sie Kunde eines „pre paid Mobile Service“ werden, d. h. Sie tauschen nur die SIM-Karte in Ihrem Mobiltelefon (Dual Band) aus und bekommen sofort eine eigene australische Nummer nebst Mailbox. Erkundigen Sie sich bei Ihrem Anbieter nach den Roaming-Gebühren. 1800er-Rufnummern sind innerhalb Australiens gebührenfrei.

TRINKGELD

„Tipping“ wird in Australien nicht unbedingt erwartet, man lehnt ein Trinkgeld in Restaurants aber auch nicht mehr ab. Die Service Charge ist meist in den Preisen enthalten und die Höhe des Tips sollte sich nach dem Grad der Zufriedenheit richten. Im Taxi wird auf einen „geraden“ Dollar-Betrag aufgerundet.

UNTERKÜNFTE

Die Angaben zu Hotels, die in diesem Band bei den jeweiligen Orten aufgeführt sind, beziehen sich auf die angeführte Einteilung.

Preiskategorien

€€€	DZ	über 130 Euro/210 A$
€€	DZ	85–130 Euro/140–210 A$
€	DZ	bis 85 Euro/bis 140 A$

Hotel, B&B, Motel: Wenn Sie in Australien nach einem „Hotel“ fragen, kann es sein, dass man Ihnen den Weg zum örtlichen Pub weist. Besser ist die Bezeichnung „Accomodation“ oder „Motel“. Die australischen Autoclubs halten „Accomodation Guides“ bereit, einen B & B-Führer gibt's in Buchhandlungen. Viele Motels liegen an den Haupteinfallsstraßen der Städte. In der Hochsaison (Dezember/Januar) kann es an den Ferienorten entlang der Küste zu Engpässen kommen. Meist aber profitieren Sie von günstigen „Stand-by rates“, wenn Sie nach der „best available rate“ fragen. Es ist durchaus üblich, sich das Zimmer zuvor zeigen zu lassen. Ab 30 Tage vor Datum der Übernachtung kann man sehr einfach und preiswert bei www.wotif.com.au oder www.stayz.com.au Hotelzimmer buchen. Beachten Sie bei Buchungen über das Internet aber unbedingt die oft teuren Storno-Bedingungen. Gute Hotelbeschreibungen gibt es unter www.tripadvisor.com, ein B&B-Verzeichnis unter www.australianbedandbreakfast.com.au.

Reisedaten Australien West

Flug von Deutschland
ab 1000 Euro

Inlandsverkehr (Flug)
Melbourne – Perth ca. 200–300 A$
Adelaide – Darwin ca. 250–300 A$

Währung
0,60 Euro = 1 A$ (Stand: Sept. 2008)

Mietwagen
Mittelklassewagen ca. 65–75 A$
2-Bett-Campervan mit Dusche/WC ca. 145–190 A$ pro Tag

Postkarte nach Europa
Postkarte 1,30 A$, Brief 2 A$ (www.auspost.com.au)

Benzin
1,60 A$ pro Liter

Hotel
Motelzimmer ca. 65–90 A$, Hotelzimmer (3–4 Sterne) ca. 120–150 A$

Menü
ca. 50 A$ pro Person für drei Gänge in einem guten bis sehr guten Restaurant (ohne Getränke)

Einfaches Essen
Hamburger ca. 2,30 A$, Cola ca. 3,50 A$, Flasche Bier (0,375 im Pub) ca. 5–6 A$.

Farm: Aufenthalte auf einer Farm vermittelt www.australianfarmtourism.com.au.

Backpacker: Diverse Backpacker-Organisationen bieten Rucksackreisenden einfache Unterkünfte an (z. B. www.nomadsworld.com oder www.vipbackpackers.com), etwas anspruchsvoller sind die Jugendherbergen (www. yha.com.au).

ZEIT

Australien gliedert sich in drei Zeitzonen:
Eastern Standard Time (EST, New South Wales, Canberra, Victoria, Tasmania, Queensland, MEZ +9 Std.),
Central Standard Time (CST, South Australia, Northern Territory, MEZ +8,5 Std.) und
Western Standard Time (WST, Western Australia, MEZ +7 Std.).
Während der Sommerzeit (Daylight Saving zwischen Ende Oktober und Anfang April) werden in allen Staaten Australiens die Uhren eine Stunde vorgestellt – außer im Northern Territory und in Queensland.

ZOLLBESTIMMUNGEN

Streng wird darauf geachtet, dass keine pflanzlichen oder tierischen Produkte eingeführt werden. Neben der Reiseausrüstung für erkennbar persönlichen Gebrauch können pro Person Waren (z. B. Geschenke) im Gesamtwert von 900 A$ pro Person zollfrei eingeführt werden, ebenso 2,25 Liter Alkohol (inkl. Wein) und 250 Zigaretten oder 250 Gramm Tabak.
Wenn Sie mehr als 10 000 A$ Bargeld (umgerechnet auch in anderer Währung) ein- oder ausführen, müssen Sie dies angeben. Die wichtigsten Zollfreigrenzen bei der Wiedereinreise ins europäische Heimatland, nach Deutschland, Österreich und in die Schweiz: 200 Zigaretten, 1 Liter hochprozentiger Alkohol oder 2 Liter Wein, Geschenke bis 175 Euro (Schweiz: 100 Schweizer Franken) pro Person.
Das Washingtoner Artenschutzabkommen verbietet die Einfuhr von Produkten, die aus geschützten Tieren hergestellt sind. Weitere Infos beim Customs Service unter www.customs.gov.au oder www.zoll.de

Wetterdaten Melbourne

	Temp. max.	Temp. min.	Tage mit Niederschlag	Sonnenstunden pro Tag
Januar	27°	14°	5	9
Februar	26°	15°	4	8
März	25°	13°	6	7
April	21°	10°	6	6
Mai	16°	7°	9	4
Juni	13°	5°	8	4
Juli	13°	4°	9	4
August	14°	5°	11	5
September	16°	7°	10	6
Oktober	19°	8°	9	7
November	23°	10°	8	7
Dezember	25°	12°	6	8

Fette Ziffern verweisen auf Abbildungen.

IMPRESSUM

1. Auflage 2008

Verlag: HB Verlag, Marco-Polo-Straße 1, 73760 Ostfildern, Postfach 3151, 73751 Ostfildern, Tel. 0711/4502-0, Fax 0711/4502-135, www.hb-verlag.de, info@bildatlas.de
Geschäftsführer: Dr. Thomas Brinkmann, Dr. Stephanie Mair-Huydts
Chefredaktion und Programmleitung: Rainer Eisenschmid, Birgit Borowski
Redaktion: Konzeption & Redaktion, Leinfelden-Echterdingen
Text: Bruni Gebauer und Stefan Huy
Exklusiv-Fotografie: Clemens Emmler
Titelbild: Getty Images/Christian Michaels
Zusätzliches Bildmaterial: Stockfood: Tanya Zouev (S. 111 u.)
Grafische Konzeption, Art Direktion, Layout: fpm factor product münchen
Kartografie: © MAIRDUMONT GmbH & Co. KG, Ostfildern
HB Bildatlas Fotoservice: HB Verlag, Marco-Polo-Straße 1, 73760 Ostfildern, Tel. 0711/4502-266, Fax 0711/4502-1006, a.nebel@mairdumont.com

Für die Richtigkeit der in diesem HB Bildatlas angegebenen Daten – Adressen, Öffnungszeiten, Telefonnummern usw. – kann der Verlag keine Garantie übernehmen. Nachdruck, auch auszugsweise, nur mit vorheriger Genehmigung des Verlages. Erscheinungsweise: monatlich.

Anzeigenvermarktung: MAIRDUMONT MEDIA, Tel. 0711/4502333, Fax 0711/45021012, media@mairdumont.com, http://media.mairdumont.com
Vertrieb Zeitschriftenhandel: PARTNER Medienservices GmbH, Postfach 810420, 70521 Stuttgart, Tel. 0711/7252-227, Fax 0711/7252-310
Vertrieb Abonnement: Zenit Pressevertrieb GmbH, Postfach 810640, 70523 Stuttgart, Tel. 0711/7252-265, Fax 0711/7252-333, hbverlag@zenit-presse.de
Vertrieb Buchhandel und Einzelhefte: MAIRDUMONT GmbH & Co KG, Marco-Polo-Straße 1, 73760 Ostfildern, Tel. 0711/4502-0, Fax 0711/4502-340
Reproduktionen: Otterbach Medien KG GmbH & Co., Rastatt
Druck und buchbinderische Verarbeitung: Neef + Stumme GmbH & Co. KG, Wittingen
Printed in Germany

Überall im Pressefachhandel, Buchhandel und Bahnhofsbuchhandel erhältlich oder zu bestellen unter Telefon 0711/4502-0, Fax 0711/4502-340

IN VORBEREITUNG

TENERIFFA – Die größte Insel der Kanaren hat ebenso wie die kleinen westlichen Inseln La Gomera, La Palma und El Hierro atemberaubende Natur mit einer vielfältigen Flora zu bieten. Für das richtige Urlaubsfeeling sorgen hübsche Strände.

Rückblick
Wer waren die Guanchen?
Einblick
Karneval in Santa Cruz
Ausblick
Aufstieg zum Teide

FREIBURG, BASEL, COMAR – Dieser Band hat das Dreiländereck im Südwesten Deutschlands zum Thema. Die drei Städte in Deutschland, der Schweiz und Frankreich und die schönsten Ziele im Umland werden in Bild und Text ausführlich dargestellt.

Citytouren
Die schönsten Stadtspaziergänge
Ausflüge
In den Schwarzwald und ins Elsass
Einfach genießen
Bio-Obst, Wein und Spargel

LIEFERBARE AUSGABEN

HB BILDATLAS

Deutschland

227 Allgäu
320 Altmühltal
316 Bayerischer Wald
235 Berlin
235 Berlin (englische Ausgabe)
289 Bodensee · Oberschwaben
298 Brandenburg
296 Chiemgau · Berchtesgadener Land
274 Dresden · Sächsische Schweiz
256 Eifel · Aachen
260 Elbe und Weser · Bremen
303 Erzgebirge · Vogtland · Chemnitz
242 Frankfurt · Taunus · Rheingau
269 Fränkische Schweiz
323 Freiburg, Basel, Colmar
253 Hamburg
263 Harz
234 Hunsrück · Naheland · Rheinhessen
233 Leipzig · Halle ·Magdeburg
209 Lüneburger Heide
285 Mainfranken
307 Mecklenburgische Seen
240 Mecklenburg-Vorpommern
151 Mittelfranken
249 Mosel
321 München
255 Münsterland · Münster
281 Nordseeküste · Schleswig-Holstein
196 Oberbayern zwischen Lech und Inn
271 Odenwald · Bergstraße
219 Osnabrücker Land · Emsland · Oldenburger Münsterland · Grafschaft Bentheim
211 Ostfriesland · Oldenburger Land
290 Ostseeküste · Mecklenburg-Vorpommern
277 Ostseeküste · Schleswig-Holstein
215 Pfalz
194 Potsdam · Havelland
243 Rhein zwischen Köln und Mainz
288 Rhön
314 Rügen · Usedom · Hiddensee
300 Ruhrgebiet
258 Sachsen
286 Sachsen-Anhalt
268 Sauerland
200 Schwäbische Alb
266 Schwarzwald · Norden
214 Spreewald · Lausitz · Märkisch-Oderland
247 Südlicher Schwarzwald
224 Sylt · Amrum · Föhr
312 Teutoburger Wald
261 Thüringen
301 Thüringer Wald
202 Trier
237 Weserbergland

Benelux

246 Amsterdam
275 Niederlande

Frankreich

160 Atlantikküste
278 Bretagne
323 Colmar siehe Freiburg, Basel, Colmar
225 Côte d'Azur
222 Elsass
221 Korsika
295 Normandie
229 Paris
315 Provence
184 Südfrankreich · Languedoc-Roussillon

Griechenland

193 Athen · Peloponnes
189 Korfu · Ionische Inseln
228 Kreta
310 Zypern

Grossbritannien · Irland

294 Irland
175 London
231 Nordengland
304 Schottland
241 Südengland

Italien · Malta · Kroatien

195 Adriaküste · Emilia Romagna
239 Gardasee · Trentino
309 Golf von Neapel · Kampanien
265 Italienische Riviera
282 Italien · Norden
238 Kroatische Adriaküste
254 Malta
210 Mittelitalien
270 Oberitalienische Seen · Mailand
230 Piemont · Aostatal
226 Rom
264 Sardinien
232 Sizilien
201 Süditalien: Apulien · Basilikata
207 Südtirol
267 Toskana
313 Venedig · Venetien

Mittel- und Osteuropa

292 Baltikum
280 Bulgarien
283 Danzig · Ostsee · Masuren
248 Prag
291 St. Petersburg
244 Südpolen · Breslau · Krakau
306 Tschechien
297 Ungarn

Österreich

293 Kärnten
199 Niederösterreich · Wachau
218 Oberösterreich
220 Salzburger Land · Salzkammergut · Salzburg
319 Tirol
206 Wien

Schweiz

323 Basel siehe Freiburg, Basel, Colmar
305 Schweiz
302 Tessin

Spanien · Portugal

236 Algarve · Lissabon
223 Andalusien
287 Barcelona
150 Costa Blanca
262 Costa Brava
176 Gran Canaria · Fuerteventura · Lanzarote
213 Ibiza · Formentera · Menorca
259 Kanarische Inseln
245 Lanzarote
318 Mallorca
203 Nordportugal
205 Nordspanien · Atlantikküste Jakobsweg · Galicien
323 Teneriffa · La Palma · La Gomera · El Hierro

Skandinavien

183 Bornholm
279 Dänemark
317 Norwegen · Norden
276 Norwegen · Süden
250 Schweden · Süden · Stockholm

Türkei

252 Türkische Mittelmeerküste

Außereuropäische Ziele

273 Australien Osten · Sydney
322 Australien Westen · Tasmanien
284 China
311 Kalifornien
251 Kanadas Westen
299 Neuseeland
272 New York
257 Südafrika

Länderübergreifende Bände

308 Donau

HB BILDATLAS SPECIAL

Afrika · Naher Osten

67 Ägypten
64 Arabien: V. A. Emirate · Oman · Kuwait · Qatar · Bahrain
72 Marokko
61 Namibia
71 Tunesien · Libyen

Europa

54 Madeira · Azoren · Kapverden

Süd- und Südostasien · Ferner Osten

10 Hongkong
53 Indien: Rajasthan · Delhi · Agra
69 Philippinen
34 Sri Lanka und Malediven
70 Thailand

Süd- und Mittelamerika · Karibik

57 Chile
55 Dominikanische Republik · Haiti
60 Jamaika
65 Kleine Antillen: Antigua Guadeloupe · Martinique · Barbados u. a.
73 Mexiko

USA · Kanda

58 Alaska
62 Florida
68 Las Vegas · Grand Canyon
56 Nordwesten: Washington · Oregon
59 Texas